Reise durch

PORTUGAL

Bilder von
Karl-Heinz Raach

Texte von
Ulli Langenbrinck

Stürtz

Erste Seite:
Im verwunschenen Garten des alten Bischofspalastes (Jardim Episcopal) in Castelo Branco sind Könige, Apostel und Heilige in Stein verewigt – eine Erinnerung an die Zeiten, in denen Castelo Branco eine bedeutende Festungsstadt des Templerordens war.

Vorherige Seite:
Alentejo – das Land „hinter dem Tejo" südöstlich von Lissabon. Eine faszinierende, weiträumige Landschaft mit sanft gewellten großen Feldern, dazwischen Lupinen, Korkeichen und Olivenbäume.

Unten:
Eine Pilgerstätte für alle Leckermäuler ist die „Fábrica dos Pastéis de Belém" mit Konditorei und Café. Die Sahnetörtchen

aus Blätterteig und Vanillecreme werden nach einem überlieferten, geheimen Rezept hergestellt und mit Zimt bestreut.

Seite 10/11:
Die raue Westküste der Algarve bei Carrapateira ist ein Paradies für Surfer und Muschelsammler.

Inhalt

Portugal – Traum und Wirklichkeit

Das Dominikanerkloster Mosteiro de Santa Maria da Vitória in Batalha stammt aus dem 14. bis 16. Jahrhundert. Es wurde zum Dank für den Sieg Portugals über das Königreich Kastilien in der Schlacht von Aljubarrota erbaut. Während der rund 200 Jahre dauernden Arbeiten wurden Kunsthandwerker aus zahlreichen Ländern beschäftigt. Bögen, fantasievolle Ornamente und das Wechselspiel aus Licht und Schatten ziehen heute die Blicke der Besucher auf sich. 1983 wurde das Kloster in die Liste des Weltkulturerbes der UNESCO aufgenommen.

„Lissabon, verstehen Sie, ist ein Provinzmarkt, ein am Flussufer aufgeschlagener Wanderzirkus, eine Erfindung aus Kacheln, nein im Ernst, wir leben an einem Ort, den es nicht gibt, Sie brauchen ihn nicht auf der Landkarte zu suchen, denn er existiert nicht, es gibt zwar dieses runde Auge, den Namen, aber das ist es nicht: Lissabon, glauben Sie mir, nimmt erst aus der Entfernung Gestalt an ...“ António Lobo Antunes, Psychiater, Dichter und Romancier hat natürlich Recht. Doch nehmen wir für kurze Zeit an, diese Stadt am Rande Europas habe zumindest vorübergehend eine Affäre mit der Wirklichkeit. Eine von sanfter, aber hartnäckiger Skepsis geprägte Begegnung mit der Realität, „à portuguesa“ eben, auf portugiesische Art.

Lissabon im Frühjahr 2004. Das Stakkato der Presslufthämmer auf tausendundeiner Baustelle macht unmissverständlich klar: Die Stadt bereitet sich fieberhaft auf die Fußball-Europameisterschaft vor, nach der EXPO 1998 ein weiteres Großereignis, für das sich die ganze Stadt häutet: Nach Jahrhunderten, in denen das Land mit dem Rücken zu Europa gelebt hat und nach Jahrzehnten der Abschottung unter der Diktatur öffnet sich Lissabon endgültig Europa, „der Welt“ und „der Zukunft“. Portugal mitsamt seiner Hauptstadt ist im 21. Jahrhundert angekommen, davon zeugen nicht nur gigantische shopping malls, die Glaspaläste am Tejo, die Technoklänge in den Szenediscos an den Docas, das Handygedudel und der geradezu mörderische Verkehr.

Unvereinbares vermischen

Das Land und seine unerschrockenen Bewohner sind es gewohnt, zu improvisieren, unüberbrückbare Widersprüche auszuhalten und Unvereinbares miteinander zu vermischen. Alle möglichen Völker gaben sich in Portugal sozusagen die Klinke in die Hand und hinterließen

ihre Spuren: Erst kamen Kelten vorbei, dann Phönizier, Karthager und Griechen; nach diesen herrschten Römer, zwischendurch auch Sueven, Vandalen und Westgoten, gefolgt von Mauren, katholischen Königen, Spaniern, Engländern, Franzosen und – im 20. Jahrhundert – einem zähen Diktator. Seit den 1980er-Jahren ist eben die Europäische Gemeinschaft dran, die irgendwo in der unendlichen Pampa jenseits der Pyrenäen thront und zum Beispiel verfügt hat, dass die zigtausend traditionellen Tavernen überall in Portugal ihren Wein nicht mehr offen aus Fässern zapfen dürfen, weil das unhygienisch sei, verstehe einer die Welt.

Wie recht hatte doch Fernando Pessoa, als er einst schrieb: „Hier stehe ich am Tejo, den Blick aufs Meer gerichtet, Europa den Rücken gekehrt." Bei knapp 900 Kilometern Küste bleibt einem so kleinen Land gar nichts anderes übrig, als aufs Meer zu sehen, möchte man ein wenig respektlos hinzufügen, vor allem, wenn der historische Erzfeind Spanien quasi auf der anderen Seite des Ehebettes liegt. Doch wer wollte dem großen Pessoa widersprechen (in Wirklichkeit war er klein, schmal, bebrillt und schüchtern), der mit diesem Satz die Wundertüte der portugiesischen Widersprüche und Gegensätze angerissen hat. Portugal lebte mit dem Rücken zu Europa? Ja, aber dieses kleine Land gehörte mit seinen Troubadourkönigen Dom Dinis, Dom Sancho und Afonso Sabio im 12. und 13. Jahrhundert zur europäischen Kulturavantgarde. Es setzte mit der Hinwendung zum Atlantik das europäisch-abendländische Weltbild außer Kraft und läutete die Neuzeit ein. Ein Land, das immer noch klein war, aber über ein weltumspannendes Kolonialreich herrschte und dessen Hauptstadt an Prunk und Pracht nirgends in Europa übertroffen wurde. Und das, obwohl Weltmacht, unter die Fuchtel Spaniens geriet. Weil ein blutjunger syphilitischer König namens Dom Sebastião im 16. Jahrhundert einen ebenso verspäteten wie wahnwitzigen Kreuzzug gegen die Mauren unternahm und grandios verlor. Ein bitterarmes, ausgeblutetes Land, das im 20. Jahrhundert von seinem klerikal-faschistischen Diktator gezwungen wurde, einen genauso aberwitzigen Krieg in gleich drei afrikanischen Provinzen zu führen. Oliveira Salazar, der Diktator, der den Krieg angezettelt hatte, kam zwar friedlich durch einen zusammenbrechenden Liegestuhl zu Tode, doch immerhin fiel sein Nachfolger Caetano politisch über diesen Krieg – kriegsmüde Mannschaften und Offiziere schlossen sich zur „Bewegung der Streitkräfte/MFA" zusammen und stürzten die Diktatur am 25. April 1974. Eine friedliche Revolution, bei der kein Blut floss.

Carvoeiro an der Algarve, einst ein Fischerdorf, ist heute mit seinem feinsandigen Strand besonders bei Familien als Urlaubsort beliebt. Erste Erwähnungen gehen bis in das Jahr 1544 zurück. Damals war die Bucht ein beliebtes Anlaufziel für Piraten.

Platz der Geschichte

Schwefelgelbe Straßenbahnen (eléctricos) rattern in Lissabon die Hügel hinunter. Gleichgültig, mit welcher der 14 Linien man spazieren fährt: Am Ende irgendeiner steilen Straße blitzt immer wieder etwas Silbrig-Blaues auf – der Tejo. Manchmal scheint es, als wollten sich die vollbesetzten Eléctricos in selbstmörderischer Fahrt geradewegs auf den Grund dieses glitzernden Spiegels stürzen, was jedoch niemanden ernsthaft beunruhigt. Gleichmütig lassen sich Bankangestellte in dunklen Anzügen, Marktfrauen, Studenten, Polizisten, Dichter und kichernde Teenies die Hügel hinabschaukeln, bis sich ein großer, viereckiger Platz zum Wasser hin öffnet: die „Praça do Comércio", auch „Terreiro do Paço" genannt.

„Eine steinerne Balustrade schloss den Platz gegen das weite schimmernde Wasser ab, das wir erst für das Meer hielten, weil der Nebel uns das gegenüberliegende Ufer verhüllte. Das Wasser glitzerte. Auf ihm sah man mächtige und kleine Schiffe. Die gewaltigen, grau angestrichenen, gaben sich durch ihren Aufbau als Kriegsschiffe zu erkennen. Und als wir uns dem Ufer näherten, sahen wir, sie trugen Flaggen, und da wehte – das Sternenbanner, die Fahne der Vereinigten Staaten."

Dieses Schiff war für Alfred Döblin, der diese Zeilen 1940 schrieb, und die anderen deutschen Emigranten in Lissabon ein Zeichen der Hoffnung. Täglich gingen sie zur Praça do Comércio, nicht nur wegen der Schiffe, die dort anlegten, sondern auch, weil in einem der Paläste an diesem Platz die Poste-Restante-Stelle untergebracht war, vor deren Schaltern lange Schlangen von Emigranten auf eine Nachricht und vor allem auf Geld für die Schiffspassage warteten.

Ein geschichtsträchtiger Platz: Hier legten die portugiesischen Karavellen an, die schwer beladen mit Gewürzen, Diamanten, Gold und anderen Reichtümern aus Übersee kamen. In seinen Arkaden erschossen Anarchisten zu Anfang des 20. Jahrhunderts den letzten portugiesischen König. Und ein schwarz gekleideter Dichter mit Brille sitzt an einem der viereckigen Marmortische des Cafés Martinho da Arcada, trinkt seinen Cognac Macieira und schreibt. Jahr für

Jahr sitzt er hier (bis zu seinem Tod 1935), im Café mit Blick aufs Meer: Fernando Pessoa. Ein unscheinbarer und namenloser „Irgendjemand“, eine schmale bebrillte „Person“ mit Hut, Fliege und Mantel, eine „Maske“, hinter der sich eine Vielzahl von Gesichtern verbirgt – einer der größten modernistischen Dichter der Weltliteratur, der mittlerweile im Götterhimmel Portugals zu Hause ist, denn sein Sarkophag steht im Hieronymuskloster in Belém.

„Wenn schon Gott keine Einheit ist – wie sollte ICH es dann sein?“ lautete Fernando Pessoas lakonische Antwort auf die Frage, warum er sich in so viele Dichterpersönlichkeiten und imaginäre Existenzen aufgespalten habe. Für all seine Heteronyme – Alberto Caeiro, Alvaro Campos, Bernardo Soares und Ricardo Reis, um nur die wichtigsten zu nennen – entwarf Pessoa Lebensläufe, erstellte ihnen Horoskope und stattete sie mit literarischen und alltäglichen Vorlieben aus. Nur für den Monarchisten Ricardo Reis, den er nach Brasilien auswandern ließ, notierte Pessoa kein Todesdatum. Folglich lebt Ricardo Reis noch.

An einem regnerischen Dezembertag des Jahres 1935 kehrt ein Mann mittleren Alters aus einem langen Exil in Brasilien nach Lissabon zurück und quartiert sich im Zimmer 201 des Hotel Bragança in der Rua do Alecrim Nr. 12 ein. Einen Monat zuvor ist sein Freund und Meister Fernando Pessoa gestorben, Ricardo Reis fährt zum Prazeresfriedhof und besucht dessen Grab. Doch als Reis in der Neujahrsnacht 1936 spät in sein Zimmer zurückkehrt, sitzt Fernando Pessoa an seinem Bett, der ihm erklärt, ähnlich wie ein Kind neun Monate im Bauch der Mutter wachse, hätten auch die Toten eine Frist von neun Monaten, bis sie endgültig in die Ewigkeit verschwinden. Reis und Pessoa treffen sich fortan mehrmals, sie spazieren durch die Straßen Lissabons und diskutieren über Politik, die Einsamkeit und den Tod – so zumindest schildert es der portugiesische Romancier und Nobelpreisträger José Saramago in seinem 1984 erschienenen Roman „Das Todesjahr des Ricardo Reis“.

Das Hotel Bragança hat nicht nur eine „Affäre mit der Wirklichkeit“, es existiert tatsächlich. Es hat fünf Stockwerke, zweiunddreißig Zimmer und eine funktionierende Telefonnummer. Im Eingang erinnert eine kleine Statue von Ricardo Reis an den erfundenen Dichter, der hier im Winter 1935/36 einige Wochen gewohnt hat. Als der Roman in Portugal erschien, pilgerten die Pessoafans zum Hotel Bragança und ließen sich vom bereitwilligen Hotelchef das Zimmer zeigen, in dem die denkwürdige „Begegnung“ zwischen Reis und Pessoa stattgefunden hatte.

Ein Gobelin aus Kacheln: Die Tradition der kunstvoll gefertigten Mosaikbilder aus Azulejos wurde unter der maurischen Herrschaft in Portugal etabliert. Der Palácio da Fronteira in Lissabon, ein Märchenschloss aus dem 17. Jahrhundert, zeugt vom Reichtum der Grafenfamilie Fronteira.

Portugals Gespenster

Es nimmt kaum Wunder, dass Fernando Pessoa große Sympathien für ein Gespenst hegte, das seit Jahrhunderten in Portugal umgeht: für den Mythos, der sich um den portugiesischen König Dom Sebastião rankt. Dieser junge König ging vor über vierhundert Jahren bei einem selbstmörderischen Feldzug in Afrika verloren. Mitten im heißen August hatte er den gesamten portugiesischen Adel zum Kampf gegen die Ungläubigen aufgerufen und ihn in die nordafrikanische Wüste geführt, wo die Portugiesen nach einer aufsehenerregend kurzen Schlacht eine vernichtende Niederlage erlitten (Alcácer Quibir 1578). Allerdings wurde die Leiche des erst 18-jährigen Königs niemals gefunden. Also, folgerte man, ist Dom Sebastião nicht tot, sondern nur verschollen. Demnächst wird er an einem nebligen Morgen in den Hafen von Lissabon segeln, um sein Volk von allem Übel zu erlösen, denn so sagte es ein analphabetischer Schuster bereits wenige Jahrzehnte nach der Schlacht voraus. Diese Nachricht wurde mit großer Erleichterung aufgenommen und verbreitet, denn von Dom Sebastiãos Tod bis zum Jahr 1640 war Portugal von den Spaniern besetzt, und die Portugiesen wünschten sich nichts sehnlicher als die Ankunft eines Erlösers. Nationaldichter Luís de Camões widmete sein Mammutepos „Die Lusiaden" dem verloren gegangenen König.

Noch populärer wurde Dom Sebastião, als seine bevorstehende Rückkehr von einem real existierenden König öffentlich angekündigt wurde: Rund hundert Jahre nach Dom Sebastiãos Tod erklärte João IV., er warte höchstpersönlich auf den Verschollenen und würde umgehend seinen Thron für ihn räumen. Das Warten auf Dom Sebastião zog sich auch durch das 19. Jahrhundert, als Portugal gleich drei französische Invasionen hinzunehmen hatte. Die französischen Truppen, die seit 1807 Lissabon besetzt hielten, wunderten sich darüber, dass die Lissabonner an nebligen Vormittagen an die Kais eilten und dort stundenlang herumstanden. Sie warteten natürlich auf ihren Dom Sebastião,

während die Franzosen sie verdächtigten, auf die Kriegsschiffe der Engländer zu warten, die im Gegensatz zu Dom Sebastião tatsächlich kamen.
Das untätige, hoffnungsvolle Warten auf einen Retter kam dem Diktator Salazar gerade recht. Unter seiner Herrschaft erlebte der „Sebastianismus“ einen ungeheuren Aufschwung – von Regierungsseite unterstützt mit einer Flut pseudowissenschaftlicher Traktätchen. *„Sie geben uns eine imaginäre Landkarte“*, schrieb damals die Dichterin Natália Correia, *„eine Landkarte in Form einer Stadt. Außerdem eine Uhr und einen Kalender, auf dem wir unser Alter nicht ablesen können. Sie geben uns ein Schiff und einen Hut, damit wir uns porträtieren lassen können. Sie geben uns Eintrittskarten für den Himmel, der nichts als eine Theaterszene ist. Wir haben wohlerzogene Gespenster, in deren Armen wir selig schlafen können.“*

Nelken und Lieder gegen Gespenster

Vor dreißig Jahren war Portugal ein bitterarmes, von Europa abgeschottetes Land; das allerletzte Kolonialreich der westlichen Welt, das in drei afrikanischen Kolonien gleichzeitig Krieg führte. Ein Land, in dem es kaum eine Familie gab, die nicht um jemanden fürchtete, der in Afrika kämpfte. Ein Land, in dem jede Opposition gegen das Regime oder den Krieg verboten war und von der Zensur unterdrückt wurde. Ein Land ohne politische Parteien, in dem Streiks verboten, die politischen Gefängnisse überfüllt und die Gewerkschaften kontrolliert waren. Seit 1967 besaßen zwar auch Frauen das Wahlrecht, allerdings gab es keine Wahlen. Ein Viertel aller Portugiesen konnte nicht lesen und schreiben, mehr als die Hälfte aller Häuser war nicht an die Kanalisation angeschlossen und über ein Drittel der Bevölkerung hatte im Jahr 1974 keinen Strom. Dafür lebten die meisten Menschen auf dem Land, vor allem in der Region Alentejo, wie Leibeigene und arbeiteten für Hungerlöhne auf den Feldern der Großgrundbesitzer. Viele portugiesische Künstler, ob Musiker oder Schriftsteller, Dichter oder Essayisten, waren als Soldaten oder als Beamte der portugiesischen Behörden in den Kolonialkriegen. Der Schriftsteller António Lobo Antunes leistete über zwei Jahre seines Wehrdienstes als Arzt im Kampfgebiet in Angola ab; die Schriftstellerin Lídia Jorge lebte als Frau eines Militärs mehrere Jahre in Mosambik; der Sänger José Afonso, künstlerische und politische Leitfigur der Opposition, arbeitete in den Sechzigerjahren als Lehrer in Mosambik – man hatte ihn dorthin strafversetzt, und seine Lieder waren verboten. Und wer fliehen konnte, setzte sich ab: Sänger wie Sérgio Godinho, José

Mario Branco, Vitorino und Carlos do Carmo flüchteten ins Ausland. Mit ihren Liedern, die heimlich verbreitet wurden, versuchten die Musiker trotz aller Zensur, gegen die tödliche Stille im Land anzusingen.

„Tejo, du strömst so breit und offen/ reinige die Stadt von ihren Schmerzen/ und nimm sie mit dir ins Meer .../Nimm die Verbrechen mit, den Raub, die Angst, den Hunger/ reinige die Stadt von jenen, die Liebe sagen und Hass meinen/ reiß die Gitter weg und nimm sie mit dir ins Meer – Gitter aus Eisen und Gitter aus erzwungenem Schweigen ...“

Ein Gedicht des politisch verfolgten Dichters Manuel Alegre, das der junge Sänger Adriano Correia de Oliveira im Untergrund aufnahm – gleichzeitig war Adriano Correia de Oliveira Offizier der Kolonialarmee und konspirierte mit der Bewegung der Streitkräfte/MFA, die sich gegen die Diktatur erhob.

Als der Sprecher des katholischen Radiosenders „Radio Renascença“ am 25. April 1974 gegen halb eins in der Nacht eine falsche Zeitansage macht und José Afonsos verbotenes Lied „Grandola vila morena“ spielt, wissen die oppositionellen Offiziere, dass der Moment gekommen ist. Die Panzer verlassen die Kasernen und fahren auf Lissabon zu. In den frühen Morgenstunden des 25. April 1974 rollen die Panzer der Bewegung der Streitkräfte über die Praça do Comércio in die Baixa (Unterstadt), gefolgt von einer immer größer werdenden Menschenmenge. „Hier ist eine Revolution im Gange“, berichten Radioreporter live, „und die Menschen kommen herbei und sehen zu, als wäre es ein Theaterstück, sie können es kaum glauben und beobachten die Panzer, als würde hier ein Film gedreht.“ Als die Panzer dann durch das Chiadoviertel rollen, trauen die Lissabonner schließlich ihren Augen. Dies ist wirklich ein Putsch gegen die Diktatur, die Menschen applaudieren den Panzern und den darauf sitzenden Soldaten, sie klatschen und umarmen sich und verlieren ihre Angst. Binnen Stunden verwandelt sich der Militärputsch in eine Revolution, denn die Menschen hatten nur darauf gewartet, dass endlich etwas geschah, das fast fünfzig Jahre Diktatur beenden würde.

Wenige Tage später werden das faschistische Innenministerium und die Partei des Regimes aufgelöst, die allgemeine Zensur aufgehoben, der Chef der Geheimpolizei PIDE verhaftet, die bürgerlich-demokratischen Rechte in Kraft gesetzt, die ersten freien Wahlen nach vierzig Jahren Diktatur angekündigt – und Portugal beendet den Krieg in Angola, Guinea-Bissau und Mosambik. Die ehemaligen Kolonien werden unabhängig, auch die Kapverdischen Inseln, auf denen kein Krieg geführt worden war. Die Nelkenrevolution hat das Gesicht Portugals

Die Innenstadt von Albufeira um die Rua 5 de Outubro, die Rua Cândido dos Reis und den Largo Engenheiro Duarte Pacheco wird gerne von Ausgehfreudigen aufgesucht. Auch das Altstadtviertel Cerro da Vila, die vielen Gässchen und zahlreichen Lokale laden besonders Abends zum flanieren ein.

grundlegend verändert, selbst wenn nach über dreißig Jahren die Nelken verblüht und der Jubel verblasst sind.

An der Praça do Comércio legen heute nur noch kleine Fährschiffe ab – sie sind eine Art Wassermetro und transportieren die Pendler, die auf der anderen Seite des breiten Flusses leben oder arbeiten. Noch vor wenigen Jahren überquerten jeden Morgen Tausende den Fluss, um auf der größten portugiesischen Werft, der LISNAVE zu arbeiten. Heute ist es ziemlich still auf dem Gelände der LISNAVE, die meisten Arbeiter sind entlassen, der portugiesische Schiffsbau stagniert.

„Mit uns beginnt Afrika“

Mittagszeit auf den zahllosen Baustellen Lissabons. Zu Hunderten klettern sie von den Gerüsten und kommen in langen Reihen aus Baulöchern: Hilfsarbeiter von den Kapverdischen Inseln, aus Angola, Mosambik und Guinea-Bissau. Lissabon, die „weiße Stadt“, ist auch eine afrikanische Stadt. Nach der Nelkenrevolution 1974 ist Lissabon zur heimlichen Drehscheibe Afrikas in Europa geworden, denn in der Folge kamen hunderttausende Afrikaner in das ehemalige Mutterland. Dieses afrikanische Lissabon ist leicht zu finden: zu allererst auf jeder beliebigen Baustelle in der Stadt. Dann in den Hochhaussiedlungen, die in den letzten Jahrzehnten wie ein Ring um die Stadt gewachsen sind. Im Niemandsland zwischen Eisenbahnlinien, Autobahnen und kahlen Hügeln sind mittlerweile an die hundert „bairros de lata“ entstanden – „Blechbudenviertel“, Slums, wahrscheinlich ein europäischer Rekord. „Afrika in Lissabon“ ist ein Phänomen, auf das das EU-Mitglied Portugal seit einiger Zeit wachsame Blicke wirft. Die ersten postrevolutionären Regierungen verfolgten eine achselzuckend großzügige Einwanderungspolitik und scherten sich nicht sonderlich um illegale Einwanderer. Jetzt soll das „Schlupfloch Portugal“ durch stärkere Kontrollen und rigidere Vorschriften verschlossen und die Zugbrücken der Festung Europa endgültig hochgezogen werden.

Der vollautomatisierte Leuchtturm am Cabo de São Vicente gibt seit 1846 den Kapitänen Orientierung und gilt als der lichtstärkste Leuchtturm Europas – 90 Kilometer weit sind seine Lichtstrahlen zu sehen.

Fado – portugiesisches Lebensgefühl

Ächzend schiebt sich die kleine, schwefelgelbe Eléctrico einen Hügel hoch und rattert dann halsbrecherisch abwärts durch die Nacht, schaukelt bergauf und bergab zwischen hell und dunkel, und wenn er sie zu fassen bekommt, fährt der kalte Nachtwind unverhofft durch eines ihrer hochgeschobenen Fenster. In Zeitlupe stöhnend schraubt sich das asthmatische Gefährt den steilen Hügel der Alfama hinauf, durch das labyrinthische Gassengewirr des alten Viertels, von dessen Häuserwänden sich plötzlich Schatten lösen. An einer Straßenecke stellt sich eine junge Prostituierte neben einen blinden Bettler mit seiner Harmonika und singt ihren Fado:

„Mein Land ist Portugal, hier fällt nur Goldregen, ein Land mit tausend Schönheiten… Die hübschen Jungs mit ihren Liebesversen singen den Mädchen ihre Lieder und stehlen ihre Herzen…“

Es ist die Severa, jene barfüßige legendäre „fadista“, die 1846 mit nur 26 Jahren an der Schwindsucht starb und die eine skandalöse Liebesgeschichte mit dem Grafen von Vimioso verband. Mit der Severa beginnt die Geschichte des Fado und die Leidenschaft der Aristokraten für diesen Gesang. Severa sang Fados in den Kaschemmen und Tavernen, in denen sie arbeitete, sie begleitete sich selbst auf der portugiesischen Gitarre, die gerade erst ihren Weg aus den bürgerlichen Salons auf die Straße und in die Bordelle gefunden hatte. Wie die Severa waren auch die meisten anderen „fadistas“ Huren, Bettler, Matrosen, Tagelöhner – Arme eben. Sie lebten im Labyrinth der alten Viertel, hüllten sich in nächtlichen Schatten, und sangen mit heiseren, brüchigen Stimmen ihre Lieder: melodramatische Räuberpistolen von Verbrechen und Tod, Geschichten von Liebe und Hass, Unglück und Verzweiflung. Das Leben ist ungerecht und kurz, Rettung gibt es nicht, das Schicksal ist schuld, muss schuld sein – und schleicht sich als klagender Unterton in den Fado, dessen Hochburg die Alfama einmal war. Doch das ist lange her.

Die Straßenbahn ist die Kurven hinuntergerattert, hat die Labyrinthe hinter sich gelassen und ist geradewegs auf einen dunkel schimmernden Wasserspiegel zugestürzt, als wollte sie sich darin versenken. Nebel steigt über dem

Fluss auf. Selbst aus den Arkaden der Praça do Comércio quillt verschlafener Dunst, vom anderen Tejoufer tutet eine Schiffshupe. Neonlichter verschwimmen wie im Weichzeichner und verblassen rasch wieder, Lachen und Technofetzen rauschen wie akustische Wattebäusche an uns vorbei und die Straßenbahn schnurrt wie eine Nähmaschine am Tejo entlang, bis wir am Cais do Sodré halten.

Die Straßenbahnen haben für diese Nacht ausgerattert. Es ist genau die richtige Zeit für die Markthalle gegenüber vom Cais do Sodré. Nun braucht die Seele den Anblick silbrig schimmernder Fischleiber, man muss durch schuppige Pfützen waten und die gellenden Verkaufslitaneien der Marktfrauen an sich vorbeiziehen lassen, die sich mit Transistorradiogedudel vermischen. Heutzutage erinnern ihre stakkatoartig hervorgestoßenen Zahlen an den Rap der Vorstädte, wie er aus dem Autoradio eines Fischhändlers tönt, der sich draußen am Kai den dreißigsten Kaffee genehmigt. Nur zwei Autos und eine Handvoll Fußgänger warten im Halbdunkel auf das erste Fährboot. Müde schaukelt uns der Fluss auf seine andere Seite, wälzt sich ins Bett zurück und nimmt noch eine Mütze Morgenschlaf. Über dem schimmernden Tejodelta, weit hinter der Vasco-da-Gama-Brücke, dämmert es rosig. Und träge rollt der Tejo weiter Richtung Meer, das man von hier aus nur ahnen kann.

Seite 22/23:
Vom Alentejo aus gesehen ist Europa unendlich weit weg. Selbst das nur rund zwei Autostunden entfernte Lissabon scheint auf einem anderen Planeten zu liegen. In der Serra de Serpa spürt man weder Hektik noch Hetze.

Seite 24/25:
Über viele Jahrhunderte hat das Meer bizarre Felsformationen geschaffen. Sandstrände und Felsenskulpturen wechseln sich an der Praia dos Três Irmãos ab. Nächstgelegener Ort ist Alvor.

Am Ende Europas – der Großraum Lissabon

„Lissabon ist ein kleines Dorf am Ufer eines Flusses, das seine Bewohner stets zu dem Traum verführt hat, in einer großen Stadt am Meer zu leben. Ein Gefängnis, mit Aussicht aufs Meer." schrieb Fernando Pessoa über seine Stadt.

Hier hört das Land auf und das Meer beginnt", verkündet eine kleine Steintafel am Cabo da Roca, dem windumbrausten Felsenkap westlich von Lissabon. Diese Zeile aus Luís de Camões' Mammutepos „Die Lusiaden", mit dem der portugiesische Nationaldichter dem Entdeckermut der Portugiesen ein literarisches Denkmal setzte, lässt auch heutige Besucher spüren, dass man sich hier nicht nur am gefühlten Ende der Welt befindet. Das Cabo da Roca ist tatsächlich der westlichste Punkt des europäischen Festlandes, und wem in 140 Meter Höhe über dem Meeresspiegel die Gischt auf die Brillengläser spritzt, wird größte Hochachtung vor jeder Nussschale empfinden, die sich jemals auf die herandonnernden Atlantikbrecher gewagt hat.

Etwas milder geht es an der nördlich und südlich von Lissabon gelegenen Küste zu. Die Costa da Caparica ist mit ihren endlosen breiten Sandstränden vor allem an Wochenenden das beliebteste Ausflugsziel der Lissabonner. Kleinere Sandbuchten und hübsche Fischerdörfer wie Praia das Maçãs (Apfelstrand), Colares und Azenhas do Mar, das sich malerisch in die Klippen schmiegt, sind selbst während der Hauptsaison nicht allzu überlaufen. Sie gehören zum Küstenvorland der Serra de Sintra mit ihren magisch-märchenhaften Wäldern, die neben ihrer zauberischen Verwunschenheit ein feuchtmildes Mikroklima bieten, in dem eine geradezu unbeschreibliche Artenfülle an Pflanzen gedeiht. Die Stadt Sintra ist mit der Maurenburg, dem skurrilen Pena-Nationalpalast und den kopfsteingepflasterten Sträßchen eine Attraktion. Überhaupt ist die Umgebung Lissabons nicht gerade arm an Palästen und monumentalen kirchlichen Bauwerken – sei es der pinkfarbene Rokokopalast von König Pedro III. in Queluz („Welch ein Licht!" soll er ausgerufen haben), in dessen französisch inspirierten Gartenanlagen im Sommer zwischen Hecken, Zypressen und Steinfiguren Konzerte und Theatervorführungen stattfinden. Oder das 40 Kilometer von Lissabon entfernte Mafra mit der gigantischen Klosteranlage, mit deren Bau König João III. aus Dankbarkeit über die Geburt seines ersten Kindes 1717 begann. Einer der größten Schätze der Klosterbibliothek ist die illustrierte Erstausgabe von Camões „Lusiaden".

Rechts:
Lissabons Stadtteil Belém erinnert an das „goldene Zeitalter" Portugals, als die Seefahrer der Krone die halbe Welt in Besitz nahmen. Dem geistigen Urheber, dem Seefahrerprinzen Heinrich, wurde 1960 das „Denkmal der Entdeckungen" (Padrão dos Descobrimentos) errichtet. Er steht ganz vorn am Bug des Schiffes und blickt auf den Tejo, gleich hinter ihm steht König Manuel, „der Glückliche", unter dessen Herrschaft die meisten Entdeckungen gemacht wurden; hinter ihnen drängen sich 30 berühmte Seefahrer, Mönche und Mathematiker.

Rechts und rechte Seite:
Der Turm von Belém, 1515 bis 1521 zum Schutz des Hafens erbaut, war das letzte Bauwerk Lissabons, das Entdecker und Eroberer mit ihren Karavellen passierten, wenn sie ausliefen. Für die angeheuerten Matrosen war das ein Aufbruch ins Unbekannte – nur jeder zweite kehrte in seine Heimat zurück. Schiffbrüche, Seeschlachten mit Piraten und die Eroberungsfeldzüge dezimierten die Schiffsbesatzung. An Bord der Schiffe arbeiteten viele Matrosen, die ursprünglich keine waren. Häufig handelte es sich um Sträflinge, die unter der Auflage entlassen wurden, die „Neue Welt" jenseits des Atlantiks zu erobern. Oder es waren landlose Bauern aus der Hungerprovinz Alentejo, die die blanke Not auf die Schiffe getrieben hatte.

Links:
Über Jahrzehnte war die 70 Meter über dem Tejo schwebende Brücke „Ponte 25 de Abril“, das moderne Wahrzeichen Lissabons, die einzige Verbindung über den Fluss und die längste Hängebrücke Europas – sie misst 2,3 Kilometer. Als sie 1962 bis 1966 nach dem Vorbild der Golden Gate Bridge gebaut wurde, hieß sie nach dem damaligen Diktator noch „Ponte Salazar“, nach der Nelkenrevolution 1974 wurde ihr Name geändert. Seit 1998 jedoch hat die „Ponte 25 de Abril“ Konkurrenz (und Entlastung) von der über 17 Kilometer langen „Ponte Vasco da Gama“ bekommen.

Ganz oben und oben:
Die ehemals verfallenen Lagerhäuser an den Lissabonner Kais sind zu eleganten und beliebten Szenetreffs mutiert, Yachthafen inklusive. Aber auch ein Ozeanriese am Stadtkai von Lissabon ist hier nichts Besonderes.

Das Stadtviertel Alfama war die maurische Hochburg Lissabons, ein labyrinthisches Gewirr von steilen Treppen und engen, krummen Gassen am Hang des Schlosses São Jorge. Der Name „Alfama" ist arabischen Ursprungs. Er leitet sich von „al-hama" ab und erinnert an warme Quellen, die die Mauren hier vorfanden.

Eigentlich heißt der Platz „Praça de Dom Pedro IV." nach dem ersten Kaiser Brasiliens, der auf den portugiesischen Thron verzichtete. Doch im Volksmund wird er nur „Rossio" genannt.

Rechte Seite:
Elegantes Einkaufsviertel und Tor zum Tejo ist die Unterstadt „Baixa", die nach dem Erdbeben von 1755 vom Marquês de Pombal mit schachbrettartig angelegten Straßenzügen wieder aufgebaut wurde.

POLLUX

Rechts:
Eine Besonderheit Lissabons sind die vielen Aussichtspunkte (Miradouros) auf den Hügeln. Einer der schönsten ist der „Miradouro de Santa Luzia“ in der Alfama, denn er lässt den Blick über das Tejodelta („Mar de Palha“ – „Meer aus Stroh“) und die Dächer der Alfama schweifen.

Unten:
Tagsüber ist der Rossio ein verkehrschaotischer Knotenpunkt der Stadt, ein Treffpunkt für afrikanische Einwanderer, Flaneure und Blumenverkäuferinnen. Vor dem Erdbeben von 1755 standen am Rossio das Allerheiligenspital, ein Dominikanerkloster und ein Palast, in dem die Inquisition ihren Sitzhatte.

Oben:
Zu allen Zeiten haben Maler und Dichter das ganz besondere „atlantische“ Licht Lissabons gerühmt, das hier über der Alfama mit den Kirchen São Estévao (rechts) und São Vicente de Fora (Kuppel) erstrahlt.

Links:
Vom Miradouro de Santa Luzia in der Alfama blickt man nicht nur auf die Stadt und den Strom hinunter. Der kleine Park ist auch ein beliebter Treffpunkt für Verliebte und Leute aus dem Viertel.

ESTRELA 28

Linke Seite:
Die Basílica Santa Maria Maior, so heißt die Kathedrale Sé Patriarcal in Lissabon korrekt, steht auf den Resten einer kleinen Kapelle aus dem 4. Jahrhundert, die der Bischof von Sevilla einst bauen ließ. Unter der maurischen Herrschaft wurde die Kapelle zu einer Moschee umgebaut, und nach der Rückeroberung ließ König Afonso Henriques daraus das trutzige Gotteshaus bauen – eine architektonische Demonstration der zurückgewonnenen Macht der katholischen Könige.

Links und unten links:
Die Alfama wurde auf einem steilen, aber stabilen Felsen gebaut und war eines der wenigen Lissa-bonner Stadtviertel, das beim großen Erdbeben vom Allerheiligentag 1755 nicht in Schutt und Asche versank. Deshalb konnte die Alfama über Jahrhunderte ihr ganz eigenes Flair auch architektonisch bewahren.

Links:
Das Gegenteil von genormten Hochhaussiedlungen, den „Schlafstädten", die sich in den letzten Jahrzehnten wie ein Ring um das alte Lissabon gelegt haben: Im Nachtschwärmerviertel Bairro Alto legt man auch auf die Details großen Wert.

Liebeserklärung an eine Lissabonner Reliquie: „O Eléctrico“

Einst ratterten sie über alle sieben Hügel Lissabons – „eléctricos“, kleine Holztrams, klassisch schwefelgelb lackiert. Ruckelnd und schaukelnd schnaubten sie die steilen Alfamagassen hoch, schnurrten triumphierend halsbrecherische Gefälle hinab in die Baixa (Unterstadt), rumpelten quietschend um Haaresbreite an Hausecken vorbei, schaukelten wie Karavellen auf Schienen Wellenberge hinauf und hinunter und durch ihre geöffneten Holzfenster wehten die Gerüche der Stadt. Selbst wenn sie nicht seekrank wurden – ein wenig Abenteuergeist und schier unendliche Geduld, wie sie nur echte Seefahrer besitzen, brauchten die Passagiere schon.

Einen schriftlich fixierten Fahrplan gab es nie in der Geschichte der 14 Linien, es wäre auch niemandem eingefallen, zu prophezeien, dass etwa die Linie 28 exakt um, sagen wir, 13.10 Uhr an der Basílica da Estrela eintrifft – zu unwägbar waren die Hindernisse, die die tapfere kleine Straßenbahn auf ihrem Weg zu überwinden hatte. Parkende Autos zum Beispiel, noch heute ein ständiges Ärgernis aller Straßenbahnfahrer, die all ihre Kurbelkünste aufwenden müssen, um mit ihrer Tram in Millimeterarbeit einen Kotflügel zu umschiffen. Wenn aber ein Auto definitiv die Schienen blockiert, heißt es für den Tramkapitän zunächst einmal: Bremsen feststellen und bimmeln. Laut bimmeln. Endlos bimmeln. Den Fahrer ausfindig machen oder auf den Abschleppwagen warten, beides kann dauern. Währenddessen staut sich hinter dem blockierten Eléctrico eine endlose Blechschlange, darin eine zweite und eine dritte Straßenbahn, die Straße versinkt im Hup- und Bimmelkonzert. Die Passagiere verteidigen ihre Straßenbahn gegen die Unverschämtheit der Autofahrer, Beschimpfungen fliegen hin und her, schließlich ergibt man sich in sein Schicksal und harrt entweder geduldig auf den harten Holzbänken aus, oder nutzt die Pause, um im Café gegenüber rasch eine „bica“ (Kaffee) zu trinken, und wer es eiliger hat, setzt seinen Weg zu Fuß fort, in der Hoffnung, ein anderes Eléctrico zu fangen (so sagt man auf portugiesisch), mit dem man womöglich mehr Glück hat. Mit einem Stoßseufzer quittieren die Bremsen des schließlich befreiten Eléctricos die allgemeine Erleichterung, wenn die Fahrt endlich weitergehen kann und der schweißgebadete Fahrer wieder virtuos wie ein Kapitän auf schwerer See an den Kurbeln dreht, um sein Schiffchen heil die Abhänge hinunterzubringen.

Spätestens bei einem Gefälle von 13 Prozent erweist sich, dass jeder Straßenbahnfahrer Lissabons in Wahrheit ein Meister der Kunst des Bremsens ist und sein muss, was seinem Beruf auch den Namen gegeben hat: „Bremswächter“ heißen die Fahrer, „guarda-freios“. In Wirklichkeit sind die Herrscher über die Druckluftbremsen eigentlich Dirigenten eines zischenden, ratternden, schnaubenden mobilen Straßenorchesters, das auf ebenso genial einfache wie umweltfreundliche Weise das Problem löste, täglich hunderttausende Menschen über schmale und steile Straßen die Hügel hinauf- und hinunterzubringen. Trotzdem sind viele Straßenbahnstrecken in den letzten Jahren der Verkehrsplanung zum Opfer gefallen. Doch immerhin hat man ab 1994 rund 45 gelbe historische Zweiachser modernisiert und in der Altstadt eingesetzt. Und dann gibt es noch die „roten Schwestern“ der alten Trams, die von der Alfama über die Praça do Comércio über Martim Moniz und zur Basílica da Estrela zuckeln – entspannt und gemütlich, denn die „Touristentram“ hat es nicht eilig. Sogar nagelneue Eléctricos gibt es: In futuristischem Design und bis auf den letzten Millimeter mit krachbunter Werbung bedruckt, zischen die windschnittigen, hypermodernen Trams den Fluss entlang Richtung Belém. Verspiegelte Scheiben schützen die Fahrgäste vor der Sonne (und verhindern, dass man von außen erkennen kann, wie voll die Bahn ist). Die Stadt bleibt außen vor, der Innenraum ist clean und bequem. Praktisch sind die modernen Eléctricos schon, wie Tupperware, Plastiktüten, Fastfood. Doch wer die Seele baumeln lassen und rumpelnd durch die Geheimnisse Lissabons flanieren will, sollte sich geduldig an einer Haltestelle postieren und auf ein ratterndes schwefelgelbes Eléctrico warten. Irgendwann kommt es, garantiert. Die Bremsen zischen seufzend, die Bimmel schlägt kurz an. Bitte einsteigen.

Links und oben: *Die zweiachsigen Eléctricos sind ein wahres technisches Wunderwerk: Ihre Elektromotoren und Magnetbremsen erlauben gleichermaßen eine überraschende Beschleunigung und ein äußerst effektives Bremsen.*

Rechts oben: Die Streckenverläufe der Straßenbahnen forderten von den Ingenieuren außerordentliche Fähigkeiten zur Improvisation. In den engen und steilen Gassen der Alfama beispielsweise wurde in manchen Kurven die Straßenbahn über ein Stückchen Bürgersteig geführt. Um den Kurvenradius zu vergrößern und das Gleis um eine scharfe Ecke zu führen, hat man das innere Gleis in den Bereich der Gegenbahn verschlungen.

Rechts Mitte und rechts: Eine kuriose Kreuzung aus Eléctrico und Aufzug ist der „Elevador da Bica“ und der „Elevador da Gloria“ im Bairro Alto – für viele Nachtschwärmer die bequemste Möglichkeit, den steilen Hügel hinaufzukommen. Mit diesen Drahtseilbahnen werden die enormen Höhenunterschiede in Lissabon überwunden.

OFICINAS
POR MÃOS DE MESTRE
WORKSHOPS BY MASTER HANDS
PAR LES MAINS DE MAÎTRE
571
carris

Lissabon ist zwar Portugals Kunst- und Kulturmetropole, bietet aber auch genügend Möglichkeiten das Hauptstadtleben anders zu genießen, wie zum Beispiel im Café Nicola am Rossio. Der Rossio wird offiziell Praça de Dom Pedro IV genannt und ist einer der Hauptplätze Lissabons. Oder man unternimmt eine Stadtrundfahrt mit der Lissabonner Straßenbahn, der Eléctrico. Wer hier einsteigt, begibt sich auf eine unverfälschte Zeitreise.

Das alte Lissabon ist für die Hektik der modernen Großstadt nicht zu haben. Die Innenstadt ist nicht für Millionen von Autos geschaffen, die sich tagtäglich durch die Stadt am Tejo wälzen. Die Nachbarn an der Calçada da Bica Grande (links oben) leben unbehelligt von der Blechlawine und haben Zeit für ein Pläuschchen, denn schmale Gassen und steile Treppen sind natürliche Feinde des Großstadtverkehrs. Aus einem Fenster dudelt ein Fado aus dem Radio, aus einer Kneipe dröhnt der Kommentator eines Fußballspiels – in der Alfama (andere Bilder) lebt man zwar nicht komfortabel, aber in einem menschlichen Rhythmus. Und zum Einkaufen muss man das Viertel nicht verlassen, denn garantiert frischen Fisch bekommt man gleich vor der Haustür.

Der berühmte „Elevador de Santa Justa" befördert Passanten von der Rua de Santa Justa in der Unterstadt zum Largo de Carmo im Bairro Alto. Raul Mesnier de Ponsard, ein Schüler von Gustave Eiffel, baute diesen heute noch reibungslos funktionierenden Fahrstuhl 1902. Von der obersten Plattform hat man einen gigantischen Blick über die Baixa und auf die gegenüberliegenden Hügel, gerade so, als befände man sich im Himmel über Lissabon – „Céu de Lisboa" heißt das Café auf der Plattform.

Fado – portugiesischer Schicksalsgesang

Ich bin aus Glas
(Lídia Jorge)
Meine Freunde, ich bin aus Glas,
ich bin aus verdunkeltem Glas,
ich verdecke das Licht, das in mir brennt.
Nicht weil ich hübsch oder hässlich wäre,
ich bin einfach so geboren.

Berührt mich nicht
meine Freunde, ich bin aus Glas.
Aus dunklem Glas.
Mein Kleid ist Rauch
und mein Gürtel Dunkelheit.
Doch ich bringe Durchsichtigkeit
eingehüllt in das, was ich sage.

Meine Freunde, ich bin aus Glas,
deshalb misshandelt mich nicht,
zerbrecht mich nicht.
Ich bin aus dunklem Glas.

Kein Stern fiel vom Himmel
(José Saramago)
Fenster trennen mich
vom kühlen Wind des frühen Abends
in der stillen Ecke,
wo die Gesten der Gedanken
zu Pfeilern einer Brücke werden,
die ich unermüdlich baue.
Die Nacht kommt mit ihrer Botschaft
und ihrer schwarzen Natur.
Vielleicht steigt gleich der Mond auf
oder ein Sternenregen geht nieder.
Es reicht schon, wenn der Schlaf den Traum
erweckt, der sie uns zeigt.
Endlich öffne ich die Fenster
und der kalte Wind ist vergessen.
Kein Stern fiel vom Himmel.
Nicht mal der Mond half mir.
Doch das Gold des frühen Morgens
erscheint hinter der Brücke.

Sieben Monde
(Natália Correia)
Meine Nächte sind aus meiner Umarmung gemacht
und aus einem Schweigen, das den Veilchen zu eigen ist.
Es gibt darin sieben Monde, die sieben Linien
von sieben Nächten sind, die niemals geboren wurden.
Manche Nächte tragen wir wie einen Gürtel
aus Schmetterlingen mit uns umher.
Und es gibt Nächte, die uns dorthin bringen,
wo uns unser eigenes Gespenst am nächsten ist;
und es ist immer unsere eigene Stimme, die uns antwortet
und allein unser Name ist sicher.

Tanz der Schmerzen
(Fernando Pessoa)
Wie ein unnütz volles Glas,
das niemand vom Tisch erhebt,
fließt vom fremden Schmerz
mein Herz ohne Traurigkeit über.
Es bildet Träume voll Schmerz,
nur damit es sie spürt.
Und so quält es nicht die Bitterkeit,
die es vorgab, zu fürchten.
Fiktion auf einer Bühne,
die nicht aus Brettern gemacht ist,
bekleidet mit Seidenpapier,
führt es den Tanz der Schmerzen vor,
damit nichts ihm geschehen mag.

Oben:
Eine der besten Gourmetadressen Lissabons ist das Restaurant Tavares Rico im Bairro Alto. Mitten im Amüsierviertel tafelt man hier auf höchstem Niveau.

Rechts:
Sehr angenehm sind die vielen Cafés in der Alfama mit ihren klassischen Glastheken, in denen man immer etwas für den kleinen Hunger findet – von den traditionellen „pastéis de bacalhau" (locker-duftige Kabeljaupasteten) über „rições de camarao" (Garnelen in Teigbällchen) bis zur hausgemachten Tagessuppe.

Links:
Kein Ausflug nach Belém ohne die legendären „pastéis de Belém" in dem gleichnamigen Café. Wer hier herkommt, kauft meist auch Nachschub für zu Hause ein, hübsch verpackt in kleinen Schachteln.

Unten:
Das „Café Brasileira" im Chiado lockt vor allem wegen des bronzenen Fernando Pessoa, der als Dauergast an einem Tischchen draußen sitzt. Zwar ist die „Brasileira" längst nicht mehr der Treffpunkt der intellektuellen Bohème Lissabons, doch der liebevoll und aufwändig restaurierte Innenraum samt imposanter Theke ist unbedingt sehenswert.

Der selbst heutzutage imposant wirkende Bau des Hieronymusklosters (Mosteiro dos Jerónimos) in Belém muss aufgrund seiner unproportionalen Größe und Pracht eine geradezu verstörende Wirkung auf den Menschen des 16. Jahrhunderts ausgeübt haben. Die Hauptkirche Santa Maria de Belém vereinigt einen faszinierenden Stilmix aus gotischen Elementen, verspielten Deckendekorationen und Steinmetzarbeiten in manuelinischem Stil. Überhaupt ist das reich verzierte Jerónimoskloster der Höhepunkt manuelinischer Baukunst: Filigrane Korallen umranden Fenster, auf Arkadenbögen wachsen Seesterne und Krabben, Kraken schlingen sich um Ecken und über Fassaden. Der Baustil heißt so nach König Manuel I., den die Portugiesen „den Glücklichen" nannten, weil sie ihm das „Goldene Zeitalter" verdanken.

Rechts:
Nach dem Erdbeben von 1755 wurde der zerstörte Königspalast am Ufer des Tejo durch die prächtige Anlage Praça do Comércio mit seinen Arkaden ersetzt. Über Jahrhunderte war der „Handelsplatz" für alle Seereisenden das Empfangszimmer der Metropole.

Ganz rechts:
Die Praça Camões im Lissabonner Bairro Alto ist dem Nationaldichter Portugals gewidmet. Luís Vaz de Camões wurde 1524 geboren und hat die gesamte, zu seinen Lebzeiten bekannte Welt als Soldat der portugiesischen Krone bereist. 1580 starb er in seiner Heimatstadt an der Pest. Im Hintergrund, eine Baustelle verdeckend, sein Nachfolger im 20. Jahrhundert: Fernando Pessoa.

Rechts:
Vom alten Bahnhof am Rossio fahren heute nur noch die Züge nach Sintra ab, doch der Bahnhof ist ein Meisterwerk des Jugendstils.

Rechte Seite:
An der Praça do Comércio geht es durch den Arco Triunfal in die geschäftige Rua Augusta hinein. Davor erhebt sich das Reiterstandbild von José I. aus dem Jahre 1775. Die Rua Augusta führt wie die anderen Straßen der Baixa schnurstracks zum Tejo. Hier trifft man die meisten fliegenden Händler und Straßenkünstler.

VIRTVTIBVS
MAIORVM
VT SIT OMNIBVS DOCVMENTO. P. P. D.
12 DE OUTUBRO DE 1833

Auf der Suche nach Gold und Gewürzen – Portugals grosse Entdecker

Geistiger Urheber und Schirmherr der Entdeckungsfahrten von Portugal aus war der „Seefahrerprinz" Heinrich, Henrique O Navegador (1394–1460). Seine Festung in Sagres/Algarve wurde zur steinernen Kommandobrücke, von der aus die Portugiesen zunächst die umliegenden Ozeane erkundeten, wenn auch der Seefahrerprinz selbst bis auf einen heldenhaften Ausflug nach Céuta (Marokko) kein Schiff betrat. In seiner „Seefahrerschule" arbeiteten Kartografen, Geografen, Astronomen und Mathematiker fieberhaft daran, die dogmatische katholische Welt zu widerlegen, die fest daran glaubte, die Erde sei eine Scheibe und jenseits des Kap Bojador (Afrika) beginne das alles verschlingende „mare tenebrosum". Als Prinz Heinrich als Hochmeister des Christusritterordens 1460 starb, hatten seine Karavellen längst Madeira, die Azoren, die Kapverdischen Inseln und die afrikanische Küste bis Sierra Leone entdeckt.

Gegen Ende des 15. Jahrhunderts kämpften Spanier und Portugiesen verbissen darum, als erste den Seeweg nach Indien zu finden. Portugiesische Karavellen segelten entlang der afrikanischen Küste immer weiter Richtung Süden. Diogo Cão gelang es, bis zur Mündung des Kongo vorzudringen, schließlich die Walfischbucht zu erreichen und einen Stützpunkt in Guinea (1482) einzurichten. Doch so weit die portugiesischen Schiffe auch in den Süden vordrangen, eine Passage Richtung Osten war nicht in Sicht. 1488 gelang es Bartolomeu Dias, das „Kap der Guten Hoffnung" zu umrunden und die ostafrikanische Küste zu erreichen, womit der Seeweg nach Indien offen lag – die Portugiesen hatten den Wettlauf gewonnen, so schien es zumindest. Doch im nächsten Moment schon ging eine Nachricht durch Europa wie ein Lauffeuer: Christoph Kolumbus habe für Spanien auf seiner Fahrt nach Westen die andere Seite „Indiens" entdeckt (die sich allerdings später als karibische Insel entpuppte). Gefunden hat dann tatsächlich ein Portugiese den berühmten Seeweg: Vasco da Gama, ein Adeliger, eher machtgewohnter Politiker als Seefahrer.

Am 8. Juli 1497 stach Vasco da Gama mit vier Karavellen und 170 Mann Besatzung vom Restelokai in Belém in See. Sein Auftrag lautete, „Gewürze und Christen zu finden", denn der portugiesischen Krone ging es längst nicht mehr allein um Entdeckungen, sondern um den Gewürzhandel und um Gold. Knapp ein Jahr später landete Vasco da Gama an der Westküste Indiens. Doch erst auf seiner zweiten Eroberungsreise waren seine Schiffe bis an den Rand mit orientalischen Waren gefüllt – Vasco da Gama hatte für die portugiesische Krone das Handelsmonopol der Araber und der Venezianer mit den Gewürzländern des Fernen Ostens gebrochen. Vasco da Gamas Mut und seine erfolgreichen Eroberungen ließen seine Machtbesessenheit und seine Grausamkeit in den Hintergrund treten, sodass er nach seinem Tod 1524 als Nationalheld und Vizekönig von Indien im Hieronymuskloster in Belém beigesetzt wurde. Die pünktlich zur EXPO 1998 vollendete neue Brücke über das Tejodelta wurde auf seinen Namen getauft.

Als Kolumbus von seiner ersten Reise nach Amerika zurückkehrte, hatte er für die spanische Krone zwar nicht die Gewürzländer in Besitz genommen, doch es lag auf der Hand, dass es dort, wo er herkam, noch mehr zu „entdecken" beziehungsweise zu erobern gab – vor allem das sagenhafte „Eldorado", das Goldland, mit dessen Reichtümern das spanische wie das portugiesische Königshaus die leeren Kassen füllen wollten. In den Verträgen von Tordesillas (1494) und Zaragoza (1529) teilten Spanien und Portugal die damals bekannte Welt einschließlich aller vermuteten und noch zu entdeckenden Länder unter sich auf, was allerdings nicht verhinderte, dass andere europäische Königshäuser Anspruch darauf erhoben. Trotzdem war der Vertrag von Tordesillas eine wichtige Voraussetzung für portugiesische Expeditionen nach Westen, wie sie der erst 30-jährige Pedro Alvares Cabral im Jahr 1500 unternahm. Unterstützt von Bartolomeu Dias segelte Cabral mit einer Flotte von 13 Schiffen und 1200 Berufssoldaten zunächst zu den Kapverdischen Inseln und dann sechs Wochen lang nach Westen. Allerdings brachten die Passatwinde seine Flotte vom Kurs ab, sodass Cabral in Porto Seguro südlich von Bahía landete – Brasilien war für die portugiesische Krone entdeckt und laut Vertrag von Tordesillas Eigentum Portugals.

__Oben:__ Mit 13 Karavellen samt 1200 Mann Besatzung brach Pedro Alvares Cabral 1500 in Richtung Calicut (Indien) auf, kam jedoch vom Kurs ab und entdeckte sechs Wochen nach dem Aufbruch in Lissabon die Küste Brasiliens.

__Links:__ Statue von Vasco da Gama in Sines. Er leitete mit seinen Fahrten nach Indien die Blütezeit Portugals als Kolonialmacht ein. 1524 wurde er als Vizekönig nach Indien entsandt.

__Rechts:__ Heinrich der Seefahrer, Prinz von Portugal, Gouverneur des Königreichs Algarve und Großmeister des Christusordens, förderte ein Leben lang Entdeckungsfahrten entlang der afrikanischen Westküste und legte so den Grundstein für die See- und Kolonialmacht Portugals. Hier sein Denkmal in Tomar.

Links:
Das Marinemuseum (Museu da Marinha) widmet sich in einer großen Ausstellung Schiffsmodellen aus dem 15. Jahrhundert.

„Welch ein Licht!" – „Qué luz!" soll der portugiesische König Pedro III. ausgerufen haben, als er den Licht durchfluteten Palast „Palácio Nacional de Queluz" nördlich von Lissabon in Besitz nahm, den er 1747 bei den aus Frankreich stammenden Baumeistern Vicente de Oliveira und Jean-Baptiste Robillon in Auftrag gegeben hatte. Der pinkfarbene Rokokopalast war lange königliche Residenz, entsprechend nobel ist er ausgestattet – die gedankliche Assoziation an das Versailler Schloss und seine Parkanlagen ist durchaus beabsichtigt.

Die Karmeliterkirche Igreja do Carmo in der Oberstadt Lissabons wurde nach dem Erdbeben von 1755 nicht wiederaufgebaut. Die Kirchenruine besitzt eine sehr gute Akustik und wird als romantischer Konzertsaal unter freiem Himmel für Musik- und Theateraufführungen genutzt. Im Klostergemäuer (rechts) befindet sich heute das Archäologische Museum.

Links:
Die Basílica da Estrela ist mit ihrer gewaltigen weißen Kuppel seit 1789 eines der Wahrzeichen Lissabons. Gestiftet hat sie Königin Maria I., die mit dem Bau ihr Gelübde für einen Thronfolger erfüllte. Der gegenüber liegende Jardim da Estrela ist einer der gemütlichsten Parks der Stadt.

Unten:
Als João de Mascarenhas, Graf von Fronteira, seinen Renaissancepalast baute, besaß der portugiesische Adel Geld im Überfluss. Kostbarste Azulejos, Marmor, vergoldete Spiegel, teure Bilder und edel ausgestattete Säle zieren den Palast im Innern, während sich in den Gärten Nymphen und Faune aus Marmor tummeln.

Porto und Coimbra – die verkannte Schöne und ihre unbekannte Schwester

Óbidos kultiviert seine Romantik mit wuchtigen Mauern und weißen Fassaden. Die heutige Stadtbefestigung mit Stadtmauer und Burg entstand zwischen dem 13. und 16. Jahrhundert. Die Stadtmauer ist auf einer Länge von etwa 1570 Meter rundherum begehbar.

„Coimbra studiert, Lissabon gibt Geld aus, Porto verdient es“ – eine knappe, aber zutreffende Charakterisierung der drei größten Städte Portugals. Den Satz haben natürlich die Einwohner von Porto geprägt, denn irgendwie mussten sie sich ihrem Ärger darüber Luft machen, dass sie im Vergleich zur Hauptstadt immer an zweiter Stelle stehen. Porto selbst hat rund 400 000 Einwohner, der Großraum zwei Millionen, Lissabon aber fast doppelt so viel. Jeder rühmt die Schönheit der „weißen Stadt“ Lissabon, Porto gilt wegen seiner zahlreichen granitfarbenen Bauten als hässlich und dunkel. Dabei liegt die Stadt wie hingegossen auf den steilen Hügeln des Douro. Prächtige Häuser zeugen vom Reichtum des Handelsbürgertums, dem die Stadt ihre Blüte verdankt; mittelalterliche Kirchen markieren die Zentren der alten Stadtviertel und der bunte Markt am Flussufer (Cais da Ribeira) lockt Einheimische und Besucher in die umliegenden Straßencafés und Szenerestaurants. Dort kann man gemütlich seinen Porto schlürfen, aus der Ferne einen Blick auf die Portweinkellereien am anderen Ufer des Douro werfen und darüber meditieren, dass an eben dieser Stelle die berühmten Karavellen der Seefahrer gebaut wurden, die von Lissabon aus um die Welt gingen.

Auch Coimbra stand in jahrhundertelanger Konkurrenz zur Hauptstadt. Eine Stadt, unter deren etwa 90 000 Einwohnern es von „Senhores Doutores“, den Herren Doktoren, nur so wimmelt. Coimbra ist die Denkschmiede des Landes. 1308 wurde die von Dom Diniz gegründete Universität von Lissabon an den Rio Mondego verlegt. Seit 1537 ist sie hoch oben auf dem Hügel im ehemaligen Königspalast untergebracht. Seitdem macht Coimbra der Hauptstadt als geistig-intellektuelles Zentrum Konkurrenz. Demokratische Studententraditionen sind überall in der Stadt lebendig: Selbst heute noch leben viele Studenten in den „Studentenrepubliken“ nach eigenen Gesetzen zusammen. Gegen die 40-jährige Diktatur Salazars und den Kolonialkrieg leisteten die Intellektuellen Coimbras erbitterten Widerstand, auch als die Polizei Ende der 1960er-Jahre die Universität besetzte. Gegen den regimetreuen Fado Lissabons setzte die Opposition aus Coimbra ihre rebellische Variante: Die Texte des „Fado de Coimbra“ sind nicht fatalistisch, begleitet wird der Gesang von der zwölfsaitigen Coimbragitarre.

Links:
Es dürfte auf der ganzen Welt nur wenige Kleinstädte geben, die wie Sintra so begeistert besungen und bedichtet wurden. Das mag zum einen daran liegen, dass der Königliche Palast (Paço Real) in Sintra bis 1580 die Sommerresidenz der portugiesischen Könige war, weshalb sich alles, was Rang und Namen hatte, in den subtropischen Bergen der Serra de Sintra prächtige Lustschlösschen und elegante Landhäuser baute.

Unten:
Der größte Saal des Paço Real in Sintra ist der Schwanensaal (Sala dos Cisnes), dessen Decke 27 stolze Schwäne in vergoldeten Achtecken schmücken, immer wieder aus einer anderen Perspektive gemalt. Kostbare Azulejos aus dem 16. und 17. Jahrhundert finden sich an den Wänden.

Links:
Dort, wo heute der Königliche Palast von Sintra steht, befand sich im 12. Jahrhundert eine maurische Burg, die König Afonso Henriques 1147 einnahm. Im 14. Jahrhundert begann König João I. mit dem Bau des Palastes, der vor allem aufgrund seiner beiden überdimensionierten konischen Rauchfänge weithin sichtbar ist.

Oben:
Schon Lord Byron lobte zu Beginn des 19. Jahrhunderts das Städtchen Sintra als „glorreiches Eden“. Hier der Blick auf das Rathaus.

Sir Francis Cook, ein exzentrischer Engländer, legte den Park Monserrate bei Sintra an, der etwa 3000 Pflanzenarten beherbergt. Zum Park gehört ein kleines Schloss, das im 19. Jahrhundert im Stil der Romantik erbaut wurde.

Paradiesische Gärten – wie hier bei dem Schlösschen Quinta da Regaleira – mit üppig wuchernder subtropischer Vegetation, romantischen Grotten und verspielten Bauten sind das Markenzeichen der Landhäuser von Sintra. Der Palast wurde Anfang des 20. Jahrhunderts im neomanuelinischen Stil errichtet.

Bunte Schachtelwerke – so sieht es in Porto hinter den Douro-Ufern aus. Wer weiter hinauf will, braucht Kraft – Richtung Kathedrale, Börse und Rathaus geht es stetig aufwärts.

Neuschwanstein in Portugal: Der Palácio Nacional da Pena (erbaut zwischen 1839 und 1850) ist mit seinem bizarren Stilmix aus Gotik, Barock, Manuelinik, maurischer Architektur und Renaissance ein Kuriosum. Prinz Ferdinand von Sachsen-Coburg-Gotha-Kohary, Gatte der portugiesischen Königin Maria II., gab das Schloss beim deutschen Baumeister Baron von Eschwege in Auftrag.

Der Leuchtturm von Cascais an der Tejomündung ist Santa Maria gewidmet, der Schutzpatronin der Seeleute und Fischer. 25 Kilometer westlich von Lissabon gelegen hat sich Cascais von einem einfachen Fischerdorf zu einem viel besuchten Seebad entwickelt.

SANDEMAN
CALEM

Seite 68/69:
Porto, die geschichtsträchtige Hafenstadt am Ufer des Douro, ist eine „verkannte Schöne". Sie ist auf Hügeln gebaut, die so steil sind, dass die alten Granithäuser übereinander zu stehen scheinen. Die doppelstöckige Brücke „Dom Luís I." wurde 1886 von einem Mitarbeiter Gustave Eiffels erbaut.

Links:
Der Kern von Porto, der Hauptstadt des Nordens, zieht sich an den Ufern des Douro entlang. Die westlichsten Außenbezirke erreichen bereits den Atlantik.

Unten und ganz unten:
Die Rabelos sind Boote, die einst zum Transport von Weinfässern auf dem Douro verwendet wurden. Heutzutage haben sie nur noch dekorativen Charakter und liegen in Ufernähe auf dem Douro.

PORTO
ENTRADA

Links:
Im Bahnhof São Bento (1915) von Porto können sich die Wartenden in aller Ruhe die prächtigen, blau-weißen Azulejobilder ansehen, auf denen Szenen aus der portugiesischen Geschichte und insbesondere des Eisenbahnwesens dargestellt sind.

Unten:
Die Rua de Santa Catarina ist eine der belebtesten Einkaufsstraßen Portos, und die Nummer 112 die bekannteste Adresse in der Innenstadt. Hier residiert seit 1921 das Café Majestic mit einem einzigartigen Jugendstilambiente.

Ganz unten:
Die Cafés in Porto sind beliebte Treffpunkte für Jung und Alt. Sie bestechen durch ihren Charme aus einer anderen Zeit.

Portwein ist ein süßer und schwerer alkoholverstärkter Wein. Nur ein Wein, der auch die Kriterien des Portweininstitutes (Instituto do Vinho do Port) erfüllt, darf sich Portwein nennen. Eines dieser Kriterien ist, dass die Trauben nur von Reben aus den ausgewiesenen Regionen des Dourotal geerntet werden dürfen. Über 80 Rebsorten werden dort angebaut. Wie hier in der Portweinkellerei Sandeman in Vila Nova de Gaia (Porto) lagert dann der Portwein in Holzfässern. Er reift zunächst zwischen zwei und sechs Jahren. Bei einem guten Portwein

spielt immer die richtige Lagerung und die Zeit der Reifung eine wichtige Rolle. Die Firma Sandeman wurde 1790 in London gegründet und erweiterte ihr Unternehmen mit einer Niederlassung in Portugal 1811. Die schwarze Silhouette eines Mannes mit langem Mantel und Hut ist seit langem Markenzeichen des Unternehmens.

1893

Während der Semana Santa (Osterwoche) werden überall in Braga Straßenaltäre und Heiligenschreine aufgebaut und die Straßen mit Blumen und Kerzen geschmückt.

Linke Seite:
Braga ist das religiöse Zentrum des Nordens: Im Umkreis von fünf Kilometern ziehen allein drei Wallfahrtsorte Jahr für Jahr tausende von Pilgern an. Die berühmteste Wallfahrtskirche ist diese für den „Guten Jesus vom Berg“ (Bom Jesús do Monte). Die Pilger müssen eine neoklassizistische Treppe mit 500 Stufen erklimmen, behütet von Heiligenstatuen in Lebensgröße. Auf jeder Zwischenstufe plätschern Brunnen mit allegorischer Bedeutung; dargestellt werden die Wunden Jesu, die fünf Sinne des Menschen sowie die drei Tugenden.

Bei drei Wallfahrtsorten gibt es entsprechend viele Devotionalienhändler in Braga. Am Karfreitag finden vor allem Kerzen reißenden Absatz, denn bei der berühmten Prozession „Ecce Homo“ tragen tausende bußfertiger Pilger Fackeln und Kerzen durch die Stadt – barfuß.

Oben:
Bergdorf „Pitões das Júnias". Dörfer und Terrassenfelder verschmelzen harmonisch im Nationalpark Peneda-Gerês im Norden Portugals, einem 72 000 Hektar großen Naturschutzgebiet. In der atemberaubenden Berglandschaft leben über 140 Vogelarten, und es gibt sogar Wölfe und Wildpferde.

Rechts:
Viele Menschen in diesem Bergdorf leben noch heute außerhalb der modernen Zeit – „Hinter den Bergen" (Trás-os-Montes) heißt diese Region.

Geschäfte in Chaves. Das Landstädtchen ist der „Schlüssel" zum Nordosten Portugals – das wussten Römer, Spanier, Franzosen und natürlich die Portugiesen. Heute ist Chaves für seine historische Altstadt ebenso bekannt wie für kräftige Weine, deftigen Schinken, Knoblauchwürste und mit Fleisch gefüllte Kuchen.

Das mittelalterlich anmutende Bergdorf Lindoso im Nationalpark Peneda-Gerês lag noch zu Beginn des 20. Jahrhunderts am Ende der Welt und war lediglich über Ochsen- und Eselspfade erreichbar. Hier findet man die für die Bergregion typischen Getreidespeicher aus Granit.

Links:
Dorfzentrum von Gouveia. Das Örtchen liegt im Norden des „Sternengebirges" (Serra da Estrela). Die Serra ist Portugals einziges Wintersportgebiet, doch schneesicher ist sie nicht. Verlassen kann man sich dagegen auf die Qualität des herzhaften Bergkäses (Queijo da Serra).

Männer in Castelo Mendo. „Sie sitzen auf einer Bank und warten auf den Nordwind / die Sonne entscheidet über ihr Schicksal / sie warten nicht mehr auf Wunder/ gehen schlafen und kehren morgen nicht zurück", heißt es in einem Lied über die „Männer auf dem Platz".

Oft scheint es für den Betrachter, als wäre die Zeit stehen geblieben. Frauen in traditioneller Kleidung sieht man in der Altstadt von Nazaré noch recht häufig.

Rechts und unten: *Trotz MTV und fast food Kultur, die auch in Portugal eingezogen ist, trifft man noch häufig auf authentische Musik und traditionelle Feste. Ein alter Tanz des Nordens ist die „Chula", begleitet von Saiteninstrumenten und einer Flöte mit durchdringendem Klang.*

Der im 19. Jahrhundert aufgekommene Fado wird gerne als musikalischer Schatz und Stolz der Nation gerühmt. In der Studentenstadt Coimbra halten Männer musikalisch das Heft in der Hand.

Kunst auf Portugiesisch – Fado und Azulejos

Fado gehört zur Familie des Blues, des Rembetiko, des Tango. Der Gesang Lissabons, der Gesang der Straße und der Tavernen, der Dichter und der Seeleute, der Huren und der blinden Straßensänger. Ein Gesang der Sehnsucht, der viel beschworenen „saudade", brüchig wie das kariöse Lächeln der Nacht. Oder ein kommerzialisiertes Klischee, das man eigentlich nur ertragen kann, wenn man voll des guten Weines ist, den man in den „original Fadoclubs" für Touristen aber eher nicht eingeschenkt bekommt?

Die Geschichte des Fado beginnt im letzten Jahrhundert mit der legendären Severa, einer barfüßigen Fadosängerin, die, so sagt man, mit dem Graf von Vimioso liiert war. Die skandalöse Verbindung löste einen Trend bei den Aristokraten Lissabons aus, die scharenweise ihre gepflegt-langweiligen Salons verließen, um in den Fadotavernen das wirkliche, wilde Leben zu spüren und zu hören. Ein rührendes Märchen der sozialen Versöhnung: Offensichtlich haben Reiche und Arme denselben Geschmack, sie lieben dieselbe Musik. „Ein fataler Irrtum!" stöhnt Joaquím Pais de Brito, Direktor des Ethnologischen Museums in Lissabon. „Vergessen Sie nicht, dass ein normaler Fadosänger im letzten Jahrhundert keine Zähne mehr besitzt, dass er Syphilis und andere Krankheiten hat, dass er wenig schläft und isst und sehr viel trinkt und dass ihn Welten von den vornehmen Aristokraten trennen."

Also doch kein Märchen, zumindest kein wahres. Aber irgendwann hat der Fado den Sprung aus den Bordellen in die Salons geschafft. Und der Diktator Salazar wiederholte in seiner fast 40-jährigen Regierungszeit unermüdlich, der schicksalsergebene Fadogesang sei ein Ausdruck der portugiesischen Volksseele. Mag sein, dass auch die Königin des Fado von dieser Public Relation des Regimes profitiert hat. Amália Rodrigues schlug sich zunächst als Blumenverkäuferin durch, bevor sie in den alten Lissabonner Fadocafés und dann auf den Bühnen der Welt Karriere machte. Heute ruht sie im Hieronymuskloster in Belém, gleich neben den legendären Seefahrern, Entdeckern und dem Dichter Fernando Pessoa, dessen Texte sie gesungen hatte. Als Amália 1998 starb, ordnete die Regierung Staatstrauer an und Hunderttausende säumten den Weg von ihrem Haus zur Basílica da Estrela, um der Fadokönigin die letzte Ehre zu erweisen. Vergessen waren die ersten Jahre nach der Nelkenrevolution, als die Linke der großen Amália vorwarf, allzu freundliche Beziehungen mit der Diktatur zu unterhalten, vergessen die Jahre, in denen der Fado als rückwärts gerichteter Gesang, als fatalistische Volksverdummung verpönt war.

Dass man den Kopf nicht abschalten muss, um Fado zu genießen, ist das Verdienst der jüngeren Fadogeneration. Sängerinnen wie Misia, Cristina Branco und Mariza präsentieren den Fado als einen der letzten urbanen Gesangsstile Europas, als subtiles, intelligentes und poetisches Medium. Wenn Mariza ihren Fado singt, lockt sie das Publikum, um es gleich darauf in den tiefsten Abgrund der Melancholie stürzen zu lassen, in dem man gerade noch einen winzigen Streifen Hoffnung erahnt – eine kollektive Achterbahnfahrt der Gefühle. Dieses bildschöne Wesen mit der gigantischen Stimme weiß genau, wovon sie singt – Blues eben, portugiesisch: Fado.

Die blaue Welt der Kacheln

Die bemalten Kacheln an Hausfassaden, in Kirchen und Palästen, in Bahnhöfen, einfachen Kneipen (tascas) und Cafés sind ein charakteristischer Schmuck Portugals. Man stößt überall auf die meist blau-weißen oder blau-gelben bemalten Kacheln, deren Erfinder die Mauren waren – al-zulayi bedeutet „kleiner Stein". Die „Lieblingsthemen" der Kachelmaler aus dem

Links und ganz links: *Fadolokal im Bairro Alto, Lissabon. Die klassische Fadobegleitung besteht aus der dickbauchigen, metallisch klingenden „guitarra portuguesa" und der spanischen Gitarre, die in Portugal „viola" heißt. Fado ist in Lissabon ein Ritual, das um die berühmte und nicht übersetzbare „saudade", die Sehnsucht des Fado, kreist. Dieser akustische Herzschmerz ist wohl ein Erbe der maurischen Liebeslyrik. Doch nicht nur der wehmütige Charakter, auch die mitunter klagende Modulation des heutigen Fado aus Lissabon erinnert an die arabische Art des Gesangs, eine Silbe über mehrere Töne zu ziehen.*

16. und 17. Jahrhundert kreisten um die weltverändernden Neuigkeiten der portugiesischen Entdecker, aber auch Legenden aus dem Leben der Heiligen und Passagen der Bibel wurden auf Azulejos gebrannt. Das große Erdbeben 1755 zerstörte zwar einen großen Teil dieses Azulejoschatzes, doch für den Wiederaufbau orientierte man sich an dem 22 Meter langen Kachelbild mit der Lissabonner Stadtansicht von 1700. Die Herstellungsverfahren wie die Stile der Bemalung änderten sich im Lauf der Jahrhunderte, doch die Vorliebe der Portugiesen für Kacheln blieb unverändert. Futuristische Kacheldesigns schmücken heute Metrostationen und moderne Architektur.

Oben:
Kostbarste blau-weiße Fliesen bedecken bis auf den letzten Zentimeter die Wände der Kirche São Lourenço in Almansil – ein Unikat, denn sie gehört zu den wenigen Bauwerken in der Algarve, die beim Erdbeben 1755 nicht zerstört worden sind.

Kleine Bilder rechts:
Ob im Bahnhof (hier in Pinhao im Dourotal), auf Häuserwänden, an Palästen oder auf Steinbänken: Azulejos gehören in Portugal zur Alltagskultur.

Seit Jahrhunderten lebt Portugal mit dem Gesicht zum Meer – was bei einem Land, das 900 Kilometer Küste besitzt, natürlich ist. Zwar sind die Verdienstmöglichkeiten der Fischer heutzutage äußerst begrenzt, jedoch fahren sie immer noch mit ihren kleinen Booten aufs Meer, wie die Sardinenfischer bei Torreira (Beira Litoral). Eigentlich sind die Zeiten, in denen Ochsengespanne Schleppnetze voller Fische an Land zogen, längst vorbei, doch hin und wieder kann man diese Szenen beobachten.

Oben:
Die offizielle portugiesische Fischereiflotte deckt nur noch den Bedarf des Landes mit Sardinen, ansonsten sind die Küstengewässer überfischt. Auch die Sardinenfischer von Torreira müssen immer weiter aufs Meer fahren, um mit einem ordentlichen Fang zurückzukehren.

Links:
Farbenprächtig bemalte Boote, hier bei Murstosa, Beira Litoral, sollen die Meeresgöttin milde stimmen – ob es nun die Heilige Maria ist oder archaische Göttinnen.

Links:
Fischer vor einer Kneipe in Sítio. An der Costa de Prata, der „Silberküste“ leben viele Menschen vom Fischfang, wenn damit auch keine Reichtümer zu verdienen sind.

Links unten:
Nazaré ist als Fischer- und Wallfahrtsort bekannt. Bis heute haben hier die alten Traditionen ihren festen Stellenwert im Alltag.

Unten:
Eine Zahnradbahn verbindet Nazaré mit Sítio, das auf einer etwa 110 Meter hohen Sandsteinklippe liegt und eine grandiose Aussicht auf die Bademetropole der „Silberküste“ mit ihrem breiten Sandstrand bietet.

Oben:
Die Klosterkirche Santa Maria da Vitoria in Batalha gehört zu den bedeutendsten gotischen Bauwerken in Europa. Mehr als 170 Jahre wurde an dem „Siegeskloster" gebaut, das König João I. aus Dank über den glorreichen Sieg Portugals über die Spanier (1385) und die dadurch erkämpfte Unabhängigkeit stiftete.

Rechts:
Auch das Zisterzienserkloster in Alcobaça wurde aufgrund eines königlichen Gelübdes erbaut. Hier waren nicht die Spanier zu besiegen, sondern die Mauren. König Afonso Henriques begann 1152 mit dem Bau des Mosteiro de Santa Maria, zu dem mehr als 600 Quadratkilometer Ländereien gehörten.

Oben:
In der Klosterkirche Santa Maria da Vitória flutet das Licht durch prächtige Glasfenster auf die Säulen und Bündelpfeiler.

Links:
Pilger bei der Wallfahrt in Fátima. Am 13. Mai 1917 erschien die Senhora von Fátima drei Kindern. Sie sprach mit den Kindern und kündigte an, sich ab jetzt jeden 13. des Monats zu zeigen; am 13. Oktober desselben Jahres wollte sie die Sonne am Himmel kreisen lassen. Am bewussten Tag waren 70 000 Menschen versammelt, doch nur die drei auserwählten Kinder erkannten das versprochene Schauspiel. Dennoch ist der Fátimakult noch heute ein wesentlicher Teil der Volksreligiosität.

Links:
Óbidos ist ein Ort, der schon viele Herren gesehen hat: Die Kelten siedelten 308 hier, ihnen folgten die Römer, die Westgoten und die Mauren. Heute ist Óbidos mit seinen historischen Gassen, der trutzigen Festung und zinnengekrönten Stadtmauer zum Nationalmonument erklärt worden.

Oben:
Weiße Windmühle in Ribamar in der historischen Provinz Estremadura, deren Name „äußerste Grenze“ bedeutet. Denn zu Zeiten der Reconquista bildete die Provinz die Grenze gegen den arabischen Süden Portugals.

Links:
Die Kathedrale Sé liegt am höchsten Punkt des Städtchens Viseu und hat seit dem 12. Jahrhundert ständig ihr Aussehen geändert. Die beiden Türme stammen noch aus der Romanik, die prächtige Barockfassade entstand im 18. Jahrhundert.

Unten:
Eingangshalle des Klosters in Mafra. Nach Jahren der Unfruchtbarkeit schenkt Maria Anna Josefa von Österreich ihrem königlichen Gemahl João V. von Portugal 1711 endlich das lang ersehnte Kind. Der dankbare Monarch erfüllt ein Gelübde und ließ in dem verschlafenen Örtchen Mafra ein gigantisches Kloster erbauen. Dreizehn Jahre schindeten sich 45 000 Arbeiter, die teilweise dazu gezwungen wurden.

Seite 92/93:
Die Schönheit der Felsküste bei Sítio zeigt sich besonders einladend im Lichterspiel des Abends. Die Steilwände des Felsmassivs fallen fast senkrecht zur Bucht von Nazaré ab. Um diesen Höhenunterschied von 110 Meter zu überwinden und Nazaré-Strand und Sítio miteinander zu verbinden, wurde eine Bergbahn gebaut und 1889 eingeweiht. Sie fährt seither auf einer Strecke von 318 Metern zwischen den Ortsteilen.

Links:
Der Templerorden ist für ein gutes Stück der Stadtgeschichte von Tomar verantwortlich. Von ihrer Festung in Tomar zogen die Tempelritter in die Kreuzzüge, doch vor allem begannen die in weiße Mäntel mit rotem Kreuz gewandeten Ritter von dort aus ihren Eroberungsfeldzug gegen die Mauren, die Portugal einst beherrschten.

Oben:
Hoch über den Straßen von Tomar thront die Templerburg. Die verschiedenen Bauten entstanden zwischen dem 12. und 17. Jahrhundert unter dem Christusritterorden, dem „Ordem de Cavalharia de Nosso Senhor Jesus Cristo".

Oben:
Im kleinen Portugal sind die Wege nicht weit. Gerade noch die entzückenden Gassen von Óbidos durchschritten, warten ein Stück weiter nordwestlich die Strandgebiete um Foz do Arelho. Hier toben sich Kite-Surfer gerne aus.

Rechts:
In und um Peniche bieten sich kontrastreiche Bilder. Man findet nicht nur vorzügliche Strände, sondern auch Klippen mit interessanten Felsformationen.

Oben:
Atlantik, Felsen und Sand komponieren dieses Bild bei São Pedro de Moel. Wer sich in die Fluten stürzt, muss allerdings höchste Vorsicht walten lassen. Der Atlantik ist unberechenbar.

Links:
Um die auf einer Halbinsel gelegene Kleinstadt Peniche breiten sich kilometerlange Strände aus.

Oben:
Die traditionelle Hochschulstadt Coimbra liegt an den Flussufern des Mondego. Das Universitätsgelände liegt auf einem weithin sichtbaren Hügel.

Rechts:
Zur altehrwürdigen Universitätsbibliothek von Coimbra gehört die kostbare Büchersammlung des Königs João V. aus dem 18. Jahrhundert. Den mehr als 300 000 Werken bietet die Bibliothek mit ihrem vergoldeten Schnitzwerk (talha dourada) und den feinen Malereien einen äußerst würdigen Rahmen.

Oben:
Das ehemalige Jagdschloss von König Carlos I. bei Buçaco ist heute ein feudales Hotel, das in einem 105 Hektar großen Nationalpark liegt. Der italienische Architekt Luigi Manini schuf 1888 bis 1907 einen Prunkbau im neomanuelinischen Stil.

Links:
Kreuzgang des Celas-Klosters. Sancha, die Tochter König Sanchos I. von Portugal, gründete Anfang des 13. Jahrhunderts das Zisterzienserkloster bei Coimbra.

PETÚNIA
FLORISTA
MNG MANGO

Linke Seite:
In der Unterstadt von Coimbra führt der Bummel an den Häuserfassaden der Rua Ferreira Borges vorbei. Überall zeichnet sich die Stimmung durch eine erfrischende Lockerheit aus. Cafés und Kneipen sind meistens so gut besetzt wie die Vorlesungssäle.

Links:
Azulejoszier begegnet Besuchern in Porto auf Schritt und Tritt. Mit den blau-weißen Kacheln sind Kirchen, aber auch ganz normale Wohnhäuser im Ribeiraviertel überzogen.

Alentejo und Algarve – Sonnenglut und Sandstrände

Zwischen Sagres und dem Cabo de São Vicente liegt diese kleine Festung: die Fortaleza de Beliche. Ein Blick ins Buch der Geschichte zeigt, dass die Burg Ende des 16. Jahrhunderts von Piraten attackiert wurde.

In der Mittagsglut der Sommermonate liegen die gewundenen Sträßchen wie ausgestorben da, scheinen sich selbst Häuser und Bäume unter der erbarmungslos vom dunkelblauen Himmel brennenden Sonne zu ducken. „Alentejo nao tem sombra", heißt es in einem Lied, „der Alentejo hat keinen Schatten, nur den, der vom Himmel kommt." Vom Himmel kommt aber weder Schatten noch der dringend benötigte Regen. Auch Lösungen für die sich zuspitzenden sozialen Probleme im Alentejo fallen nicht vom Himmel – immer noch, oder besser gesagt, wieder einmal macht diese Region Schlagzeilen als „Armenhaus Portugals".

Der 150 Kilometer lange Küstenstreifen zwischen Sagres und Vila Real de Santo António ist der Inbegriff von Portugals „sonnigem Süden". Dabei hatten die Mauren nicht den Süden, sondern den Westen im Sinn, als sie diese ursprünglich paradiesische Region mit ihren bizarren Felsformationen, den kleinen Inselchen und den kilometerlangen Sandstränden „Al-Gharb" tauften: Diese Provinz lag eindeutig im äußersten Westen ihres Reiches. Der Westen ist also zum Süden geworden und hat außerdem noch das Geschlecht gewechselt: *Der* Algarve (port. „o Algarve") verwandelte sich in „die Algarve", die Küste nämlich. Es wäre allerdings ein Jammer, wollte man sich auf den schmalen Streifen am Wasser beschränken. Je weiter man sich von der Küste entfernt, desto abwechslungsreicher werden Landschaft und Architektur, blühen selbst im Februar Mandelbäume, trifft man auf einfache, weiß leuchtende Dörfer, deren Bewohner von Landwirtschaft und der traditionellen Flecht- und Keramikkunst leben.

Nur wenig erinnert daran, dass die Algarve zwischen dem 8. und dem 13. Jahrhundert eine blühende maurische Provinz gewesen ist. Das heute bedeutungslose Örtchen Silves etwa war als Hauptstadt der Algarve eine der größten und reichsten Städte der Iberischen Halbinsel und bedeutender als Lissabon. Wer heute in den ehemals maurischen Festungsstädten Faro, Lagos oder Albufeira nach der glanzvollen Vergangenheit sucht, wird nicht viel finden. Reichtum und Pracht der Algarve gingen im Erdbeben von 1755 fast gänzlich unter.

Links:
Die Praça do Giraldo ist der Treffpunkt Évoras. In den schattigen Arkadengängen lässt es sich gemütlich flanieren. Benannt ist der Platz mit dem hübschen Renaissancebrunnen nach Geraldo, dem Furchtlosen, der 1165 im Gefolge von Afonso Henriques die Stadt von den Mauren zurückeroberte.

Links Mitte:
Seit 1986 steht die Stadt Évora im Alentejo als Weltkulturerbe der Menschheit unter dem Schutz der UNESCO. Wie tief Évora in der Geschichte

verwurzelt ist, zeigt der zweitausend Jahre alte Römertempel, auch Dianatempel genannt. Die Kathedrale im Hintergrund ist eines der größten Gotteshäuser in Portugal.

Links unten:
„Wir Knochen sind schon hier / auf Eure warten wir" steht als Inschrift über der Knochenkapelle der São Francisco-Kirche in Évora.

Bis auf den letzten Winkel ist die Capela dos Ossos mit tausenden Knochen tapeziert – ein schauriges Monument der Vergänglichkeit.

Unten:
Évora ist nicht nur Erzbischofs- und Universitätsstadt, sondern auch Provinzhauptstadt des Alto Alentejo – und eine der malerischsten Städte Portugals.

Rechts:
Wasser ist immer das kostbarste Gut im sonnengedörrten Alentejo gewesen: Das Aquädukt von Évora wurde im 16. Jahrhundert anstelle einer römischen Wasserleitung gebaut.

Ganz rechts:
Über den Dächern von Estremoz thront das Kastell mit dem Burgfried (Torre de Menagem). Wer will, bettet sein Haupt in der zur eleganten Pousada umgebauten Burg.

Rechts:
Fast hundert Jahre wurde an dem imposanten Aquädukt da Amoreira bei Elvas im Alentejo gebaut – das kleine, mittelalterliche Landstädtchen nahe der spanischen Grenze verfügt damit über die größte und prächtigste Wasserleitung der Iberischen Halbinsel.

Rechte Seite:
Estremoz liegt in der leicht hügeligen Landschaft des Alto Alentejo nordöstlich von Évora. Weißer Marmor, der in der Umgebung abgebaut wird, bestimmt das Stadtbild.

Rechte Seite:
Mértola hat heute knapp 3000 Einwohner und die Geschichte des Ortes reicht mehr als 3000 Jahre zurück. Es herrschten die Phönizier und die Römer über die Stadt und vor allem die Zeit der Mauren hatte die bedeutendsten Nachwirkungen. So wird Mértola gerne als „arabischste Stadt Portugals“ bezeichnet.

Einst bedeutend, heute ein ebenso hübsches wie verschlafenes Örtchen ist Mértola im tiefen Süden des Alentejo. Die Pfarrkirche Matriz ist im 16. Jahrhundert aus einer Moschee entstanden.

Besonders hübsch präsentiert sich Mértola mit den Gassen am äußeren Altstadtring.

CASA PAROQUIAL
OFERTA DE
D AMPARO BARBOSA

365 Rezepte für Kabeljau – portugiesische Gaumenfreuden

Portugal lebt mit dem Gesicht zum Meer – das spürt man spätestens im Restaurant, denn frischer Fisch, Muscheln und Meeresfrüchte in allen Variationen bilden die Grundlage der portugiesischen Küche. Zum typischen Geschmack gehören das meist hervorragende Olivenöl, viel bis sehr viel Knoblauch und frisches, gehacktes Koriandergrün sowie Brunnenkresse (agrião). Der getrocknete Kabeljau (bacalhau) galt lange Zeit als Grundnahrungsmittel, für das die portugiesische Hausfrau mindestens 365 verschiedene Rezepte kannte – für jeden Tag im Jahr eines. Mittlerweile ist guter Bacalhau so teuer wie Edelfisch. Meist ist die Art der Zubereitung denkbar einfach: Der Fisch wird am liebsten fangfrisch auf Holzkohle gegrillt, dazu ein frischer Salat und gekochte Kartoffeln. Sardinen eignen sich hierfür besonders gut, weshalb über manchen Küstenorten der Algarve zur Abendessenszeit eine Duftglocke gegrillter Sardinen liegt. Doch die silbrig glitzernde Sardine ist nur das berühmteste Beispiel für die „Fischkultur" auf den Tischen der Algarve. Beim Spaziergang durch Markthallen sieht man sorgfältig aufgetürmte Fischleiber aller Sorten, von Thunfisch (atum), Rabenfisch (corvinha), Goldmakrele (dourada), über Schwertfisch (espadarte), Moräne (moreia), Seebarsch (robalo), Seebarbe (sargo) bis zum festfleischigen weißen Seeteufel (tamboril), nicht zu vergessen die herzförmigen Venusmuscheln (ameijoas). Im Alentejo kombiniert man die Venusmuscheln zu Schweinefleisch (carne de porco à alentejana).
Deftig und traditionell wird in den kleinen Esskneipen (tascas) gekocht, die man überall findet. Meist läuft der Fernseher zu laut, grelle Neonröhren leuchten erbarmungslos den letzten Winkel aus, doch das gute, preiswerte Essen und der meist ordentliche Hauswein entschädigen für die fehlende Romantik.

Nonnenbäuchlein und Engelsbäckchen

Ein besonderes Kapitel sind die phantasievollen Süßspeisen – eine nationale Leidenschaft, die die Mauren in Gang setzten, denn sie führten Mandeln und Zimt ein. Die katholischen Mönche haben diese Passion ohne ideologische Probleme übernommen und weiterentwickelt. Zucker, Eier, Mandeln und Zimt sind die Grundzutaten für Marzipantörtchen (bolos de doçe fino), Mandelkuchen (bolos de amêndoa), das „Himmelsglöckchen" (touçinho do ceu), die Nonnenbäuchlein (barrigas da freira) und Engelsbäckchen (papos de anjos).
Verständlich, dass solche Tafelgenüsse nicht von einem schnöden Glas Wasser begleitet werden, sondern von exzellenten Weinen aus ganz Portugal. Wegen der Hitze ist der junge, spritzige Vinho Verde (8% Alkohol) aus dem Minho beliebt, denn Fisch und Meeresfrüchte wollen schließlich schwimmen und der Genießer will nach dem Essen noch laufen können. Die größten Weinanbaugebiete liegen in der Region Lissabon, Leiría und Santarém, doch auch im Alentejo werden sehr gute Rotweine angebaut. Dabei wartet der Norden Portugals mit einer weltberühmten Spezialität auf, denn im Tal des Douro zwischen Porto, Vila Real und Viseu wachsen jene Reben, aus denen der Portwein gemacht wird. Dort werden die Reben gekeltert, und die Fässer wurden früher auf Portweinschiffe (barcos rabelas) verladen und über den Fluss bis Porto verschifft. Die historischen Exemplare am Ribeirakai sind zwar längst nicht mehr im Einsatz, doch die Portweinschiffe sind, wie die renommierten Portweinkellereien, Wahrzeichen Portos. Die Hafenstadt im Norden ist stolz auf ihre Portweintradition, der sie einen großen Teil ihres Reichtums verdankt, obwohl der Portweinhandel heute größtenteils in britischen Händen liegt.
Normalerweise verschneidet man beim Portwein (dessen Gärung mit Branntwein gestoppt wird) Weine verschiedener Jahrgänge, anschließend reift er in Fässern oder Flaschen. Nur für den besonders edlen „vintage port" verwendet man ausschließlich Wein aus einem Jahrgang. Weißer Port (branco) wird mit zunehmendem Alter goldgelb, also dunkler, während Roter Port (tinto) mit den Jahren heller wird. Beim Weißen Port hat man die Qual der Wahl, denn es gibt ihn very sweet, sweet, dry und extradry – die trockenen Varianten sind, eiskalt serviert, ein beliebter Aperitif. Roter Port dagegen schmeckt meist fruchtig bis süß und gilt als idealer Dessertwein.

Links: *Für Liebhaber der landestypischen Küche lohnt es sich, in einem der zahlreichen Cafés oder Restaurants einzukehren. Auch in den kleineren Lokalen wird meist gutes Essen serviert.*

Oben: *Auf dem Fischmarkt am Tejoufer in Lissabon riecht und schmeckt es nach Meer. Die Fischverkäuferinnen versuchen, sich mit ihrem anpreisenden Singsang gegenseitig zu übertönen.*

Rechts oben:
Die besten Trauben wachsen im Dourotal in Ufernähe, je höher der Weinberg ansteigt, desto geringer die Qualität, lautet die Faustregel.

Rechts Mitte:
Köstliche Blätterteigtörtchen mit Sahnefüllung: Die Pastéis de Belém sind eine süße Verführung.

Rechts:
Frische Sardinen vom Rost – eine Köstlichkeit. Zur Mittagszeit hängt der Duft nach gegrillten Sardinen wie eine Dunstglocke über Portimão. Dazu ein Glas eiskalter Vinho Verde ...

Oben:
Uralte Korkeichen zwischen sanften Hügeln wie in der Serra de Serpa prägen das Landschaftsbild des Alentejo.

Rechts:
Prozession in Messejana südwestlich von Aljustrel im Alentejo. Wurde in der Geschichte das Alentejo stark von den Mauren geprägt, werden heute, wie überall in Portugal, die katholischen Traditionen gepflegt.

Zu Ostern wird in Terena die Kirche weiß getüncht, doch niemand mag auf den traditionellen blauen Streifen (roda-pé) verzichten, denn er schützt vor dem bösen Blick.

Die Burg in dem Landstädtchen Portel, 40 Kilometer südöstlich von Évora, stammt aus dem 13. Jahrhundert und wurde unter Manuel I. stark verändert.

Unten:
Das Bergdorf Monsaraz auf einer Anhöhe in der Nähe des Grenzflusses Guadiana besaß einst große historische Bedeutung, als es galt, das Königreich Portugal gegen den übermächtigen spanischen Nachbarn zu verteidigen.

Rechts oben:
Über Jahrhunderte war der Alentejo mit seinen riesigen Latifundien das Armenhaus Portugals. Die meisten landlosen Arbeiter schufteten wie Leibeigene „de sol a sol", von Sonnenaufgang bis Sonnenuntergang auf den Feldern der Großgrundbesitzer.

Rechts Mitte:
In Mourão wird der Wein in großen Tonkrügen gereift – eine sehr alte Tradition. Man nimmt an, dass schon die Phönizier im 10. Jahrhundert v. Chr. hier nicht nur Wein produzierten, sondern ihn auch im gesamten Mittelmeerraum vermarkteten. Unter der Diktatur Salazars wurde

der größte Teil des Alentejos in Getreidefelder umfunktioniert. Erst in den letzten Jahrzehnten verzeichnet der Weinbau wieder einen Aufschwung.

Rechts unten:
Die Gegend um Monsanto („Heiliger Berg“) gehört zu den ärmsten Portugals. Die Menschen leben in Häusern aus Naturstein oder Lehm und sind auch bei der Landarbeit auf sich selbst beziehungsweise auf archaische Techniken angewiesen.

Oben:
Lupinenfeld mit vereinzelten Korkeichen in der Serra de Serpa. Lupinen sind besonders für die Landwirtschaft wichtig, als Grünfutter und Gründüngung.

Rechts:
Schäfer in der Serra de Serpa. Im Alentejo lebt man fast ausschließlich von der Landwirtschaft.

Oben:
Lichtjahre entfernt vom Europäischen Parlament und dem von Brüssel reglementierten Agrarmarkt sieht man in der Serra de Serpa noch Pferdewagen auf den Wegen.

Links:
Selbst im Plastikzeitalter sind die uralten Korkeichen (sobreiro), hier bei Guadalupe, noch von großer wirtschaftlicher Bedeutung. Ihre Rinde wird alle neun Jahre geschält. Überall im Alentejo sieht man die nackten, rötlichen Stämme der Korkeichen, auf die die letzte Ziffer des Jahres geschrieben wird, in dem der Baum geschält wurde.

Stierkampf in Beja. Stolz betont man in Portugal, dass der hiesige Stierkampf im Vergleich zur spanischen Variante ungleich sanfter für Stiere und Stierkämpfer sei, was zwar teilweise stimmt, aber trotzdem nur die halbe Wahrheit ist. Auch in Portugal haben die Stiere keine Überlebenschance, nur dass sie nicht in der Arena, sondern hinter den Kulissen getötet werden. Hauptakteure sind die Reiter (cavaleiros), die all ihre Geschicklichkeit aufbieten müssen, um dem Stier vier bis acht Pfeile mit Widerhaken (farpas) zwischen die Schultern zu setzen.

Seite 116/117:
Der Alentejo, hier die Region westlich von Monsarez, ist seit jeher stark landwirtschaftlich geprägt. An der durchschnittlichen Kaufkraft gemessen, heißt das aber auch, der Alentejo zählt zu den ärmsten Gebieten der EU.

Nach den Cavaleiros treten jeweils acht Forcados auf. Ihren Anführer erkennt man an der grünen Mütze mit roter Krempe. Ihm stehen die Gehilfen (toureiros) zur Seite. Die Männer stellen sich hintereinander in einer Reihe auf, der Anführer vorneweg in der Nähe des bereits verletzten Stiers. Dann geht es im Gänsemarsch brüllend auf den Stier zu, der Anführer springt zwischen die Hörner, während die Toureiros versuchen, den Stier an Beinen und Schwanz zu packen und zu Boden zu zwingen. Meist wird der Anführer von den Stierhörnern durch die Luft gewirbelt und (schwer) verletzt. Der nächste aus der Gruppe versucht sein Glück, ihm folgen noch zwei oder drei aus der Truppe, dann ist das Schauspiel beendet, auch wenn der Stier nicht bezwungen werden konnte.

SECTOR 1
SECTOR 2
PATIO DOS ARTISTAS

Der Palácio do Visconde de Estói liegt in einem verwunschenen Garten mit alten Bäumen, Brunnen, einer kachelgeschmückten Freitreppe, einem alten Musikpavillon sowie Rokokobrunnen und verwitterten Steinfiguren. In der zweiten Hälfte des 19. Jahrhunderts ließ sich der Adelige Francisco José de Carvalhal dieses Lustschlösschen im neoklassizistischen Stil in Estói nördlich von Faro bauen. Vor etwa hundert Jahren wechselte der Palast den Besitzer, ein Apotheker aus Beja kaufte ihn, ließ Jugendstilelemente einbauen und das Gebäude schließlich verfallen. Erst 1989 kaufte die Stadt Faro den Palast und begann unendlich zögernd, ihn zu renovieren und zu einem Luxushotel umzubauen.

Seite 122/123:
Ferragudo ist ein Fischerdorf auf der anderen Flussseite des Arade gegenüber von Portimão. Der malerische Ort bietet mit seinen Fischerhäuschen, Gassen und einer Kirche dem Besucher einen reizvollen Anblick.

Oben:
Im Innenhof des Klarissinnenklosters Nossa Senhora da Assunção in Faro finden häufig Konzerte statt. Das 1543 erbaute Kloster beherbergt heute das Archäologische Museum.

Rechts:
Praia da Rocha ist verwaltungstechnisch ein Vorort der drei Kilometer nördlich gelegenen Hafenstadt Portimão mit einem fast zwei Kilometer langen und 100 Meter breiten Hauptstrand.

Links:
Blick vom Turm der Kathedrale auf das Rathaus in Faro. Die Kathedrale von Faro steht auf geschichtsträchtigem Boden: Hier befand sich einst ein römisches Forum, später eine Moschee und schließlich eine gotische Kirche.

Unten:
Mit fast dreißig malerisch gelegenen Plätzen ist die Algarve eines der beliebtesten Golferziele in Europa. Besonders spektakulär sind die Vale-do-Lobo-Plätze zwischen Albufeira und Faro, wo zahlreiche natürliche Hindernisse zu überwinden sind und man immer mit Blick aufs Meer spielt.

Kodak
express
digiFoco
LEGO
BRINQUEDOS
FARRACHA
PEDRAS

Links:
Die „maurischste“ Stadt in der Algarve ist Olhão, obwohl sie erst im 18. Jahrhundert gegründet wurde. Doch das Erscheinungsbild von Olhão wirkt sehr nordafrikanisch: weiß gekalkte würfelförmige Häuser mit winzigen Fenstern und Dachterrassen.

Unten:
„Venedig der Algarve“ wird Tavira liebevoll genannt, obwohl doch hier nur ein einziger Fluss ins Meer mündet. Trotzdem ist Tavira eine der malerischsten Städte der Algarve, in der halbhohe Patrizierhäuser und an die dreißig Kirchen das Stadtbild bestimmen.

Links:
Zwar haben fast alle Fischfabriken in Olhão Pleite gemacht, doch immer noch ist Olhão eine Fischerstadt durch und durch, in der noch ganz einfache Kneipen (tasca) zu finden sind.

Oben:
Lagos, „weiße Stadt am blauen Meer“, ist eine offene, lebendige Stadt und ein kulturelles Zentrum der Algarve. In der autofreien Altstadt kann man gemütlich flanieren, einkaufen und in Straßencafés ausruhen.

Rechts:
Werbeslogans wie „Weltbühne am Meer", „Region des ewigen Frühlings" und „Land voller Sonne" machen Appetit auf die Algarve und solche Sand-Felsen-Kompositionen: die Praia da Marinha.

Rechte Seite oben und unten:
Die Algarveküste gliedert sich in drei große Abschnitte: östlich von Faro bis zur spanischen Grenze die Sandalgarve, westlich von Faro bis zum Cabo de São Vicente die Felsalgarve und nördlich des Kaps São Vicente die Costa Vicentina. Die Küste im oberen Bild liegt bei Sagres. Die Praia da Marinha (Bild unten) liegt zwischen Portimão und Armação de Pêra und wird der Felsalgarve zugerechnet

Rechts:
Durch ein Felsentor blickt man auf den Strand „Três Irmãos" bei Alvor.

Ganz rechts:
Die felsige Steilküste Ponta da Piedade südlich von Lagos lockt mit Grotten, Höhlen, Felsformationen, die man am besten vom Boot aus betrachten kann.

Links oben und Mitte, unten:
Längst ist Albufeira (links Mitte und unten) nicht mehr das verträumte Fischerdörfchen, sondern ein beliebter Fremdenverkehrsort. Trotzdem gibt es hier, wie auch in Salema (links oben) noch immer Fischer, die in ihren traditionell bemalten Booten aufs Meer fahren – selbst wenn sie Fremden nur die spektakuläre Felsenküste von der Wasserseite aus zeigen.

Links unten:
Meeresfrüchte gehören zur traditionellen portugiesischen Küche – Kraken und Tintenfische werden an der Algarve, hier in Salema, wie vor hundert Jahren in Tonkrügen gefangen.

Kleine Bilder rechts: *Impressionen von der Algarve: Ein alter Mann schiebt sein Fahrrad durch Lagos (oben); die salzige Meeresluft trocknet den Fisch und verwandelt ihn in eine Delikatesse – eine alte Tradition der Fischkonservierung (Mitte); Ausflugsboote liegen an der Ponta da Piedade südlich von Lagos (unten).*

„Komm, wir sehen nach, ob jemand das Meer gestohlen hat. Das Meer tötet den Schmerz, den man empfindet, wenn man alles greifbar vor sich hat und doch nichts in die Hand bekommt.“ (Fim do Mar, das Ende des Meeres).

Angler versuchen an der Küste bei Odeceixe (rechts) und an der Ponta da Arrifana bei Aljezur (rechts oben und rechte Seite) ihr Glück. Die Küstenregion nördlich und südlich des Algarvestädtchens steht als Costa Vicentina unter Naturschutz.

Register

Atlantischer Ozean
PORTUGAL
SPANIEN
Vigo
Minho
Valença
Extremo
Caminha
P.N. da Peneda-Gerês
Castelo de Montalegre
Chaves
Rebordelo
P.N. de Montesinho
Bragança
Citânia de Santa Luzia
Ponte de Lima
Viana do Castelo
Mosteiro de Rendufe
Venda Nova
Trás os Montes
Vimioso
Zamora
Esposende
Barcelos
Braga
Mirandela
Macedo de Cavaleiros
Vila Nova de Famalicão
Guimarães
Douro
Póvoa de Varzim
Santo Tirso
Murça
P.N. do Alvão
Mogadouro
Amarante
Vila Real
Penafiel
Tua
Porto
Peso da Régua
P.N. do Douro
Vila Nova de Foz Côa
Torre Heptagonal
Cinfães
Lamego
Espinho
Mosteiro de Grijó
Mosteiro de Ferreirim
Parque Arqueológico Vale do Côa
Salamanca
São João da Madeira
Mosteiro de Arouca
Castelo de Marialva
Figueira de Castelo Rodrigo
Ovar
Tamanhos
Pinhel
Praia da Barra
Aveiro
Viseu
Mangualde
Celorico da Beira
Vilar Formoso
Águeda
Ciudad Rodrigo
Tondela
Guarda
Mira
Curia
Oliveira do Hospital
Centum Cellas
Sabugal
Cantanhede
Rojão
Mata do Buçaco
1.993 m
Belmonte
Serra da Estrela
Coimbra
Mosteiro de Lorvão
P.N. da Serra da Estrela
Covilhã
Figueira da Foz
Mondego
Penamacor
Pampilhosa da Serra
Leirosa
Castelo de Penela
Espinhal
Monsanto
Pontão
Pombal
Serra de Alvelos
1.084 m
Sarzedas
Castelo Branco
Zebreira
Marinha Grande
Sertã
Leiria
P.N. do Tejo Internacional
Perdigão
Batalha
Fátima
Nazaré
Portas de Ródão
Tejo
Alcobaça
Tomar
Gardete
Caldas da Reinha
Abrantes
Nisa
I. Berlenga
P.N. das Serras de Aire e Candeeiros
Castelo de Vide
Cáceres
Peniche
Alpalhão
Marvão
Cabo Cervoeiro
Óbidos
Rio Maior
Mosteiro da Flor de Rosa
P.N. da Serra de São Mamede
Estremadura
Ribatejo
Portalegre
Lourinhã
Santarém
Ponte de Sor
Almeirim
Arronches
Torres Vedras
Alenquer
Avis
Monforte
Campo Maior
Ericeira
Mafra
Santa Eulália
Vila Franca de Xira
Coruche
Mora
Mérida
P.N. de Sintra-Cascais
Elvas
Badajoz
Sintra
Estremoz
Cabo da Roca
Infantado
Vila Viçosa
Cascais
Lissabon/Lisboa
Lavre
Arraiolos
Estoril
Montijo
Alentejo
Almada
Barreiro
Redondo
Montemor-o-Novo
Castelo de Terena
Évora
P.N. da Arrábida
Setúbal
Sesimbra
Cetóbriga
Reguengos de Monsaraz
Monsaraz
Cabo Espichel
Costa Bela
Alcáçovas
Barragem do Alqueva
Comporta
Alcácer do Sal
Portel
Alvito
Vidigueira
Amareleja
Costa da Galé
Melides
Grândola
Convento de São Cucufate
Moura
Safara
Ferreira do Alentejo
Sines
Miróbriga
Beja
Cabo de Sines
Alvalade
Pisões
Serpa
Porto Covo
Aljustrel
Guadiana
P.N. do Vale do Guardiana
Cercal
Vila Nova de Milfontes
Ourique
Castro Verde
Mértola
Odemira
Circuito da Cola
P.N. do Sudoeste Alentejano e Costa Vicentina
Almodóvar
Santana da Serra
Odeceixe
Sevilla
Ameixial
Aljezur
Monchique
Cachopo
Castelo de Castro Marim
Algarve
Huelva
Alfambra
Alcalar
Vila Real de Sto. António
Portimão
Silves
Loulé
Tavira
Lagos
Albufeira
Milreu
Cacela Velha
Lagoa
Quarteira
Faro
Olhão
Cabo de São Vicente
Sagres
Ponta de Sagres
Cabo de Sta. Maria
P.N. da Ria Formosa

Der Hahn von Barcelos erinnert an einen Jakobspilger, der unschuldig zum Tode verurteilt worden war und dank eines Hahnenkrähens gerettet wurde. Das Hahnenmotiv ist im ganzen Land verbreitet. Diese Auswahl an Keramikexemplaren findet man in einem der gut sortierten Geschäfte in Óbidos.

Impressum

Buchgestaltung
www.hoyerdesign.de

Karte
Fischer Kartografie, Aichach

Bildnachweis
Alle Bilder von Karl-Heinz Raach mit Ausnahme von: Wikimedia Commons: S. 18/19: Patrick Nouhaller, Genève, Suisse (Lizenz cc-by-sa 2.0); S. 45 unten: Pablo Tupin-Noriega (Lizenz cc-by-sa 4.0); S. 77 oben: Dario Alvarez, Orense, España (Lizenz cc-by-sa 2.0).

Printed in Italy
Repro: Artilitho snc, Lavis-Trento, Italien
www.artilitho.com
Druck und Verarbeitung: Grafiche Stella srl, Verona, Italien
www.grafichestella.it

ISBN 978-3-8003-4073-6

Unser gesamtes Programm finden Sie unter:
www.verlagshaus.com